ユーキャン

2024年版

ケアマネジャー

これだけ！
要点まとめ

ユーキャンの ケアマネジャー これだけ！要点まとめ

ここが特長

● 重要テーマが見てわかる＆解いて覚える

ユーキャンのケアマネジャー『これだけ！要点まとめ』は、過去に出題された重要事項の中からテーマを厳選し、図解ですっきりまとめた1冊です。テーマごとに設けた「理解度チェック」はいずれも試験の出題傾向を踏まえ、おさえておきたいポイントを出題。イメージ学習と問題演習で、得点力UPをお手伝いします。

● 「資料編」で横断的に知識を整理

「資料編」として、横断的におさえておきたいよくでる介護報酬、運営基準、医療知識などをまとめました。付録の赤シートを効果的に用いることで、知識のインプットにも役立ちます。

● 自宅で、職場で、スキマ時間を活用できる

気軽に持ち歩いて学習できるのも携帯性に優れた本書ならでは。反復学習こそが合格への最短ルートです。通勤時間やちょっとした空き時間の学習に、ウィークポイントの洗い出しに、試験直前の最終チェックに…。本書を有効にご活用ください。

ユーキャンの
ケアマネジャー これだけ！要点まとめ
CONTENTS

第1章 介護支援分野

第2章 保健医療サービス分野

第3章 福祉サービス分野

本書の使い方

テーマ

介護支援専門員実務研修受講試験に出題実績のあるテーマを厳選。いずれも必須事項です。あわせて学習すると効果的なテーマNo.を▶関連で表示しています。

解説

テーマのポイントを簡潔にまとめました。特に赤字は最重要事項！

関連キーワード

テーマに関連する重要語句です。一緒に覚えて得点力アップを図りましょう。

---

9 利用者負担

▶関連 7、8、10、11

介護保険の給付

● 原則としてサービス費用の9割（一定以上所得のある第1号被保険者は8割か7割）が保険給付され、1割（または2割か3割）が利用者負担となる（応益負担）
※2割負担者のうち特に所得の高い層は、2018年8月より3割負担
● ケアマネジメントの費用（居宅介護サービス計画費と介護予防サービス計画費）の利用者負担はない

現物給付の要件

● 介護保険では、利用者がサービスの現物給付を受け、保険給付分は事業者・施設に直接支払われる法定代理受領方式が導入されている

■ 法定代理受領による現物給付化の要件

認定申請後にサービスを受けている	利用するサービスがケアプランに位置づけられている※	指定事業者・施設からサービスを受けている（例外あり）	被保険者証を提示している

※区分支給限度基準額が設定されていないサービスは不要

■ 現物給付化されず償還払いとなる給付（予防給付も同様）

福祉用具購入費	住宅改修費	高額介護サービス費	高額医療合算介護サービス費

🗝 関連キーワード ●●●●●●●●●●●●●●●●●●●●●●●●●●●●●●●●●

● ケアプランへの位置づけ…ケアプラン（居宅サービス計画・介護予防サービス計画）にサービスが位置づけられることで、支給限度基準額の管理がされ、現物給付が可能になる。居宅介護支援事業者などへ依頼する場合は、事前に依頼する旨を市町村に届け出る。利用者自身が作成する場合は、そのケアプランを市町村に提出する

28

ダック先輩

ミーア君

すっきりnavi

■ 保険給付の対象外のため、利用者負担となるもの

: 利用者負担部分

← 介護報酬の対象 →				
居宅介護サービス費 施設介護サービス費等	居住費・滞在費・宿泊費	食費	その他の日常生活費	特別なサービスの費用
1割（2割または3割）負担				

おむつ代は、施設サービス、地域密着型介護老人福祉施設入所者生活介護、短期入所サービスでは保険給付の対象です

■ 利用者負担分の内訳

食費	食材料費と調理費相当
居住費・滞在費・宿泊費	個室は、室料と光熱水費相当。多床室は、光熱水費相当
日常生活費	理美容代、教養娯楽費など日常生活で必要となる費用で利用者負担が適当なもの
本人の希望による特別なサービス	遠隔地にある事業者の交通費や送迎費、特別メニューの食事など

支給限度基準額を超えた分も給付対象外

介護支援分野

理解度チェック

おさえておきたいポイントを出題。正文問題は丸暗記することをお勧めします。

居住費・滞在費・食費は、低所得者では負担を軽くするための特定入所者介護サービス費があるよ！次のページで確認してね

☑ 理解度チェック

□ 1 ケアマネジメントを利用しても、利用者負担は生じない。

□ 2 被保険者が居宅サービス計画を自己作成した場合は、現物給付がされない。

□ 3 通所介護で使用したおむつ代は、保険給付に含まれる。

解答

1. ○／2. × 現物給付がされ~

シートでチェック

付録の赤シートが学習効果を高めます。

本書の使い方（資料編）

よくでる介護報酬

試験によくでる各サービスの加算要件などについて、横断的にまとめています。

よくでる運営基準

試験によくでる居宅介護支援や居宅サービスなどの運営基準をまとめています。

福祉用具の種類

福祉用具貸与と特定福祉用具販売の対象種目について図解入りで解説しています。

介護職員の医行為

医行為と混同しやすい行為、業務で行うことのできる行為をまとめています。

第 **1** 章

介護支援分野
32テーマ

総人口の減少と要介護者等の増加

- わが国の総人口は、2070年には8,700万人になると予測されている
- わが国では少子・高齢化が進み、特に75歳以上の後期高齢者の増加が著しい

■ 総人口の減少と高齢化

		2015年	2025年	2045年
総人口		1億2710万人	1億2326万人	1億880万人
高齢化率	65歳〜	26.6%	29.6%	36.3%
	75歳〜	12.8%	17.5%	20.9%
75歳以上を支える20〜64歳の人数		4.4人	3.1人	2.4人

資料：国立社会保障・人口問題研究所「日本の将来推計人口（令和5年推計）」

高齢者介護を取り巻く状況

- 65歳以上の者のいる世帯では、夫婦のみの世帯が最も多い
- 世帯主が75歳以上の世帯数は増加している
- 高齢者が要介護高齢者を介護する老老介護や働き盛りの介護離職、「8050問題」、「ダブルケア」などが社会の課題となっている

介護保険制度の実施状況　令和3年度介護保険事業状況報告（年報）

- 65歳以上の第1号被保険者は3,589万人（65歳以上75歳未満の前期高齢者は1,715万人、75歳以上の後期高齢者は1,873万人）
- 第1号被保険者のうち、要介護・要支援認定者の割合は18.9%、女性の認定者数は男性の認定者数の約2倍
- 介護サービスの保険給付費は、10兆4,317億円。サービス別の給付費割合では、居宅（介護予防）サービスが最も多い
- 第1号被保険者1人当たりの給付費は、平均約27万円

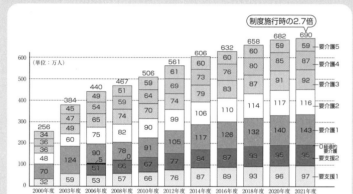

🔑 関連キーワード ●●●●●●●●●●●●●●●●●●●●●●●●●●●●●●●●

- **介護離職**…介護のために労働者が仕事を辞めること
- **8050問題**…80代の親が、ひきこもりなどの50代の子どもの生活を支え、社会的に孤立するなどの問題
- **ダブルケア**…育児と家族介護を同時に行うこと

すっきりnavi

■ 認定者数の推移

資料：介護保険事業状況報告

介護予防がまず大切。そして介護が必要になっても、高齢者や家族を地域で包括的に支える体制が必要とされています

☑ 理解度チェック

☐ **1** 2045年には、後期高齢者が人口の２割以上を占める見込みである。

☐ **2** 第１号被保険者のうち、要介護・要支援認定者が占める割合は３割を超える。

☐ **3** ダブルケアとは、高齢者が高齢者を介護することである。

解答

1. ○／ 2. × ２割未満／ 3. × 育児と家族介護を同時に行うこと

13

2 介護保険制度創設と改正

▶関連 1、3

介護保険制度の創設

●介護保険制度は、従来の制度の問題点を整理して再編成し、社会保険方式による新たな制度として創設された

■従来の制度の問題点と介護保険制度の創設

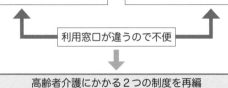

老人福祉制度の問題点	老人医療制度の問題点
• 市町村の措置によるサービス提供で、サービスを自由に選択できない • サービス利用の権利保障が不十分 • 所得に応じた応能負担で中高所得者層ほど重い負担	• 社会的入院（病気が安定しているにもかかわらず介護を要する高齢者が一般病院に長期入院）の増加 →介護需要を医療保険で賄うことにより、医療保険者の財源圧迫

利用窓口が違うので不便

高齢者介護にかかる2つの制度を再編

介護保険制度の創設　2000（平成12）年4月施行

• 利用者自らの選択で、事業者・施設との契約によるサービス利用
• 多様な事業者による総合的・一体的・効率的なサービス提供
• 社会保険方式により財源を安定的に確保し、給付と負担の関係を明確化
• 介護を医療保険制度から切り離し、社会的入院を解消

⚷ 関連キーワード ●●●●●●●●●●●●●●●●●●●●●●●●●●●●●

●**地域共生社会**…制度・分野ごとの「縦割り」や「支え手」「受け手」という関係を超えて、地域住民や多様な主体が参画して世代や分野を超えてつながることで、住民一人ひとりの暮らしと生きがい、地域をともに創っていく社会

すっきりnavi

■ 介護保険制度創設後の改正の主なポイント

2005年	● 予防重視型システムへの転換 　→新予防給付、地域支援事業・地域包括支援センターの創設 ● 施設等での居住費、食費を全額自己負担に ● 地域密着型サービスの創設
2011年	＜地域包括ケアシステムの実現＞ ● 介護給付に定期巡回・随時対応型訪問介護看護、複合型サービス（看護小規模多機能型居宅介護）を創設 ● 地域支援事業に介護予防・日常生活支援総合事業を創設
2014年	● 包括的支援事業に新たな事業を追加 ● 市町村による地域ケア会議の設置を努力義務として法定化 ● 介護予防訪問介護・介護予防通所介護を地域支援事業に移行 ● 特別養護老人ホームの入所対象を原則要介護3以上に ● 一定以上所得のある第1号被保険者は2割負担に
2017年	● 介護医療院の創設　　● 共生型サービスの創設 ● 2割負担者のうち、特に所得の高い者を3割負担に ● 被用者保険間において、納付金への総報酬割の導入
2020年	＜地域共生社会の実現＞ ● 認知症施策の総合的な推進、介護サービス提供体制の整備等の推進、医療・介護のデータ基盤の整備の推進、介護人材確保および業務効率化の取り組みの強化
2023年	● 生産性の向上などの取り組みの促進 ● 指定居宅介護支援事業者が介護予防支援事業者の指定対象に ● 介護サービス事業者経営情報の調査・分析などの事項を追加

☑ 理解度チェック

□1 介護保険制度施行前は、福祉分野のサービスと保健医療分野のサービスでは、それぞれ対応する窓口が異なっていた。

□2 2023年の制度改正により、共生型サービスが創設された。

解答

1. ○／2. × 2017年改正により共生型サービスが創設

15

3 介護保険と社会保険

▶関連 2

介護保険制度の目的（介護保険法第1条）

■ 介護保険制度の目的　（介護保険法第1条）のキーワード

> 利用者の尊厳の保持

> 自立した日常生活の支援

> 国民の共同連帯の理念

> 国民の保健医療の向上と福祉の増進

介護保険制度の保険給付の考え方（第2条）

- 要介護状態等の軽減または悪化の防止、医療との連携に十分配慮
- 被保険者の心身の状況、その置かれている環境等に応じて、被保険者の選択に基づき多様な事業者・施設から総合的・効率的にサービスを提供
- 在宅介護の重視…保険給付の内容や水準は、要介護状態になっても可能なかぎり居宅で自立した日常生活を営むことができるものとする

国民の努力および義務（第4条）

- **努力**…国民は、要介護状態にならないために、常に健康の保持増進に努め、要介護状態となっても、進んでリハビリテーションや適切なサービスを利用して、能力の維持向上に努める
- **義務**…国民は、共同連帯の理念に基づき、介護保険事業に必要な費用を公平に負担する

🔑 関連キーワード ●●●●●●●●●●●●●●●●●●●●●●●●●●●●●●

- **社会保障構造改革**…社会保障全体のしくみやあり方の見直しをいう。具体的には、国民の共同連帯による財源負担、民間活力の活用、契約による利用者本位のサービス利用などで、この実現の第一歩となったのが、介護保険制度である

すっきり navi

■社会保険の分類

```
給付・財政の    ┌─ 長期保険        対象区域・   ┌─ 職域保険
形態別      ┤              領域別    ┤
          └─ 短期保険               └─ 地域保険
                    介護保険
```

■社会保険の種類

種類	保険事故	主な給付内容
医療保険	業務外の事由による疾病、負傷など	医療サービスの現物給付
介護保険	要介護状態・要支援状態	介護サービスの現物給付
年金保険	老齢、障害、死亡	所得保障のための年金の支給（金銭給付）
雇用保険	失業など	労働者の生活の安定を図り、再就職を促進するために必要な給付（金銭給付）
労働者災害補償保険	業務上の事由または通勤による疾病、負傷、障害、死亡など	医療の現物給付と所得保障のための年金の支給（金銭給付）

社会保険の被保険者資格は、一定の対象者に強制適用されます

☑ 理解度チェック

□1 介護保険制度では、家族介護の負担軽減の観点から、施設介護が重視されている。

□2 国民は、要介護状態になっても、その能力の維持向上に努める。

□3 介護保険は、職域保険であり、長期保険に分類される。

解答

1. ✕ 在宅介護を重視／2. ○／3. ✕ 地域保険であり、短期保険に分類される

4 介護支援専門員

▶関連 28〜32

ケアマネジメントと介護支援専門員

● ケアマネジメントは、何らかの支援を必要とする利用者のニーズと社会資源を結びつけ、利用者に総合的・一体的・効率的にサービスを提供するための援助技術。介護支援専門員（ケアマネジャー）が中心となって行う

■ 介護支援専門員とは（要旨）

> 要介護者等からの相談に応じ、要介護者等がその心身の状況などに応じた適切な介護給付等サービスまたは介護予防・日常生活支援総合事業を利用できるように、市町村、事業者等、総合事業を行う者等と連絡・調整等を行う者で、要介護者等が自立した日常生活を営むのに必要な援助に関する専門的知識や技術を有する者として、介護支援専門員証の交付を受けた者

■ 介護支援専門員の義務など

公正・誠実な業務遂行義務	要介護者等の人格を尊重し、常に要介護者等の立場に立って、公正かつ誠実に業務を行う
基準遵守義務	厚生労働省令の定める基準に従って業務を行う
資質向上努力義務	必要な援助に関する専門的知識・技術の水準を向上させ、その資質の向上を図るよう努める
名義貸しの禁止など	介護支援専門員証を不正に使用したり、他人にその名義を貸して、介護支援専門員の業務のため、使用させてはならない
信用失墜行為の禁止	介護支援専門員の信用を傷つけるような行為をしてはならない
秘密保持義務	正当な理由なしに、その業務について知り得た人の秘密を漏らしてはならない。介護支援専門員でなくなったあとも同様である

🔑 関連キーワード ●●●●●●●●●●●●●●●●●●●●●●●●●●●●●●●

● **介護支援専門員証の更新**…業務を行うのに必要な介護支援専門員証には、5年間の有効期間があり、更新研修などを受けて更新する

● **登録の移転**…介護支援専門員が他都道府県に登録を移転する場合、移転先の都道府県知事に申請し、介護支援専門員証の交付を受ける。新しい介護支援専門員証の有効期間は、前の介護支援専門員証の有効期間の残りの期間となる

すっきりnavi

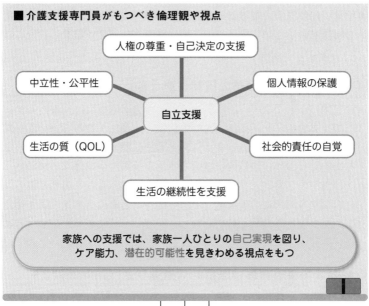

■**介護支援専門員がもつべき倫理観や視点**

人権の尊重・自己決定の支援

中立性・公平性

個人情報の保護

自立支援

生活の質（QOL）

社会的責任の自覚

生活の継続性を支援

家族への支援では、家族一人ひとりの自己実現を図り、ケア能力、潜在的可能性を見きわめる視点をもつ

☑ 理解度チェック

□**1** 介護支援専門員証には、5年間の有効期間があり、更新する場合は研修を受ける必要がある。

□**2** 介護支援専門員には、基準遵守義務がある。

□**3** 介護支援専門員は、専門職として利用者に代わりサービス利用の決定をする。

解答

1. ○／2. ○／3. ✕ 利用者の自己決定を支援する

市町村、都道府県、国の責務・事務

▶関連 6 〜28、31

市町村を中心とした事業の取り組みと国・都道府県の責務

- 市町村および特別区（以下、市町村）は、介護保険の保険者として、介護保険事業を実施する
- 国は、保健医療・福祉サービスの提供体制の確保などについて必要な措置を講じ、都道府県は、介護保険事業の運営が健全・円滑に行われるように、必要な助言や適切な援助を行う責務を負う（第5条）

国および地方公共団体の責務（第5条）

- 地域包括ケアシステムの推進…国・地方公共団体は、介護サービスに関する施策、介護予防のための施策、地域における自立した日常生活の支援のための施策を、医療と居住に関する施策との有機的な連携を図りつつ、包括的に推進するよう努めなければならない
- 上の施策を包括的に推進するにあたっては、障害者その他の者の福祉に関する施策との有機的な連携を図るとともに、地域住民が相互に人格と個性を尊重し合いながら、参加し、共生する地域社会の実現に資するよう努めなければならない

認知症に関する施策の総合的な推進など（第5条の2）

- 国・地方公共団体は、次のような点に努めなければならない
  ①認知症に関する知識の普及および啓発
  ②研究機関、医療機関、介護サービス事業者等との連携、認知症の予防・診断・治療やリハビリテーション、介護方法についての調査研究の推進やその成果の普及・活用・発展
  ③地域の認知症の人の支援体制を整備し、認知症の人の介護者への支援と支援のための人材確保と資質の向上を図るための必要な措置を講じ、認知症に関する施策を総合的に推進
  ④認知症の人およびその家族の意向の尊重への配慮、認知症の人の地域社会での尊厳の保持とほかの人々との共生

関連キーワード ●●●●●●●●●●●●●●●●●●●●●●●●●●●●●●●●

● **地域包括ケアシステム**…医療、介護、介護予防、住まい、自立した日常生活の支援を高齢者の日常生活圏域（おおむね自宅から30分以内）で切れ目なく提供できる体制

すっきりnavi

■ 市町村、都道府県、国の事務

市町村：運営主体

- 被保険者の資格管理　● 保険給付　● 介護認定審査会の設置
- 地域密着型（介護予防）サービス事業、居宅介護支援事業、介護予防支援事業、地域包括支援センターの基準の設定
- 地域密着型（介護予防）サービス事業、居宅介護支援事業、介護予防支援事業の指定、指導監督
- 地域支援事業および保健福祉事業の実施
- 地域包括支援センターの設置
- 市町村介護保険事業計画の作成　● 第1号被保険者の保険料率の設定

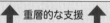

重層的な支援

国	都道府県
● 制度の枠組み設定 ● 調整交付金の交付など財政支援 ● 指導・監督 ● 医療保険者や支払基金に対する報告徴収や実地検査	● 介護保険審査会の設置・運営 ● 居宅サービス事業、介護予防サービス事業、介護保険施設の基準の設定、指定、指導監督 ● 介護サービス情報の公表 ● 介護支援専門員に関する事務 ● 財政安定化基金の設置など財政支援

☑ 理解度チェック

- □1 国・地方公共団体は、認知症に関する知識の普及および啓発に努める。
- □2 市町村は、地域包括支援センターを設置する。
- □3 国は、介護保険審査会を設置する。

解答

1. ○ ／ 2. ○ ／ 3. × 国ではなく都道府県

6 介護保険制度の被保険者

▶関連 3、5

介護保険制度の被保険者

● 一定の要件に該当した人は、本人の意思にかかわりなく、何ら手続きを要することなく被保険者資格が強制適用される

■ 被保険者の要件

第1号被保険者	市町村に住所のある65歳以上の人
第2号被保険者	市町村に住所のある40歳以上65歳未満の人で医療保険に加入している人

適用除外

● 下記の施設の入所者は、当分の間、介護保険の被保険者とならない

■ 主な適用除外施設

- 障害者総合支援法の指定障害者支援施設（生活介護および施設入所支援）
- 指定障害福祉サービス事業者である療養介護を行う病院
- 児童福祉法の医療型障害児入所施設
- 児童福祉法の医療型児童発達支援を行う指定医療機関
- ハンセン病問題の解決の促進に関する法律の国立ハンセン病療養所等
- 生活保護法の救護施設

関連キーワード ●●●●●●●●●●●●●●●●●●●●●●●●●●●●●●●●●●●●

● **住所**…一般に住民基本台帳上に住所があることを指す。適法に3か月を超えて在留するなどの外国人は、住民基本台帳法が適用され、被保険者の対象となる。日本人でも日本に住所がなければ適用外

● **住所地特例**…介護保険では、住所地である市町村の被保険者となるのが原則だが、その特例。被保険者が住所地特例対象施設（介護保険施設、特定施設、養護老人ホーム）へ入所するために、施設のある市町村に住所を変更した場合は、保険者が変わらず、変更前の市町村がそのまま保険者となる

● **被保険者証**…全国一律の様式。第1号被保険者は、65歳到達月に全員に交付されるが、第2号被保険者は、要介護認定・要支援認定を申請した人か交付の求めがあった人に交付される

すっきりnavi

■ 被保険者資格の取得と喪失

	資格の取得		資格の喪失
年齢到達	医療保険加入者である住民が40歳に達した日（誕生日の前日）	死亡	死亡した日の翌日
住所移転	40歳以上65歳未満の医療保険加入者または65歳以上の人が市町村の住民になった日（転入日）	住所移転	被保険者が市町村の住民でなくなった日（転出日）の翌日※
医療保険加入	40歳以上65歳未満の医療保険未加入者が医療保険に加入した日	医療保険非加入	第2号被保険者が医療保険加入者ではなくなった日
未加入者の65歳到達	40歳以上65歳未満の医療保険未加入者が65歳に達した日（誕生日の前日）	―	―
適用除外非該当	適用除外施設の入所者が退所（退院）した日	適用除外該当	適用除外施設に入所（入院）した日の翌日

※転出した日に他市町村へ転入した場合は当日

> 第1号被保険者は、資格の得喪などの場合に市町村への届出が必要

☑ 理解度チェック

- □1 外国人は、介護保険の適用除外である。
- □2 介護保険施設は、住所地特例対象施設に含まれる。
- □3 第1号被保険者は、医療保険加入者でなくなった日から、資格を喪失する。

解答

1. ✕ 被保険者要件を満たせば強制適用／ 2. ○／ 3. ✕ 第2号被保険者の場合

介護保険の給付

▶関連 8〜11、21〜22、28、31

介護保険の保険給付

■ 3つの保険給付

介護給付	要介護者に対する給付	予防給付	要支援者に対する給付
市町村 特別給付	要介護者・要支援者に対する市町村独自のサービスについての給付　※財源は第1号保険料		

保険給付の種類

■ 介護給付・予防給付の主な種類と給付方式

	介護給付	予防給付	給付方式
サービス利用に関する給付	●居宅介護サービス費（＊） ※指定居宅サービスへの給付	●介護予防サービス費（＊） ※指定介護予防サービスへの給付	現物給付
	●居宅介護福祉用具購入費	●介護予防福祉用具購入費	償還払い
	●居宅介護住宅改修費	●介護予防住宅改修費	
	●地域密着型介護サービス費（＊） ※指定地域密着型サービスへの給付	●地域密着型介護予防サービス費（＊） ※指定地域密着型介護予防サービスへの給付	現物給付
	●施設介護サービス費（＊） ※施設サービスへの給付	―	
	●居宅介護サービス計画費（＊） ※指定居宅介護支援への給付	●介護予防サービス計画費（＊） ※指定介護予防支援への給付	現物給付 （10割）
利用者負担の軽減に関する給付	●高額介護サービス費	●高額介護予防サービス費	償還払い
	●高額医療合算介護サービス費	●高額医療合算介護予防サービス費	
	●特定入所者介護サービス費（＊）	●特定入所者介護予防サービス費（＊）	現物給付

（＊）には市町村が認めた場合に償還払いで給付される特例サービスを設定

🔑 関連キーワード ●●●●●●●●●●●●●●●●●●●●●●●●●●●●●●

● **現物給付**…金銭の給付ではなく、サービス利用や福祉用具などの現物により給付をする方式

すっきりnavi

■ サービスの種類

	都道府県知事が指定（許可）・監督	市町村長が指定・監督
介護給付（要介護1～5）	● 居宅サービス ・訪問介護　・訪問入浴介護　・訪問看護 ・訪問リハビリテーション　・居宅療養管理指導 ・通所介護　・通所リハビリテーション ・短期入所生活介護　・短期入所療養介護 ・特定施設入居者生活介護 ・福祉用具貸与 ・特定福祉用具販売 ● 施設サービス ・介護老人福祉施設 ・介護老人保健施設 ・介護医療院	● 地域密着型サービス ・定期巡回・随時対応型訪問介護看護 ・夜間対応型訪問介護 ・地域密着型通所介護 ・認知症対応型通所介護 ・小規模多機能型居宅介護 ・認知症対応型共同生活介護 ・地域密着型特定施設入居者生活介護 ・地域密着型介護老人福祉施設入所者生活介護 ・複合型サービス（看護小規模多機能型居宅介護） ● 居宅介護支援
予防給付（要支援1・2）	● 介護予防サービス ・介護予防訪問入浴介護　・介護予防訪問看護 ・介護予防訪問リハビリテーション ・介護予防居宅療養管理指導 ・介護予防通所リハビリテーション ・介護予防短期入所生活介護 ・介護予防短期入所療養介護 ・介護予防特定施設入居者生活介護 ・介護予防福祉用具貸与 ・特定介護予防福祉用具販売　※介護予防訪問介護と介護予防通所介護は、2017年度までに総合事業に移行した	● 地域密着型介護予防サービス ・介護予防認知症対応型通所介護 ・介護予防小規模多機能型居宅介護 ・介護予防認知症対応型共同生活介護 ● 介護予防支援

☑ 理解度チェック

☐ 1　市町村特別給付は、その全額が公費で賄われる。

☐ 2　認知症対応型共同生活介護は、地域密着型サービスに含まれる。

☐ 3　特定福祉用具販売は、居宅サービスに含まれる。

解答

1. ✕ 第1号被保険者の保険料で賄われる／ 2. ○／ 3. ○

8 介護報酬

▶関連 7、9、11

介護報酬（介護給付費）

- ●介護報酬は、各サービスなどに応じて国（厚生労働大臣）が定めた単位数（介護給付費単位数表）に、1単位の単価を掛けて金額に換算する
- ●1単位の単価は、原則10円で、サービスごとに地域差がある

> （介護予防）居宅療養管理指導、（介護予防）福祉用具貸与については地域差はありません

介護報酬の請求（現物給付の場合）

- ●事業者・施設は、各月分の保険給付額について、通常翌月の10日までに事業所や施設所在地の国保連（国民健康保険団体連合会）に請求書や明細書を添付し、請求する
- ● 支払いは、請求月の翌月末

消滅時効

- ●保険給付を受ける権利（償還払いをした被保険者・現物給付をした事業者等）は、2年を経過したときに時効により消滅する（消滅時効）
- ●消滅時効の起算日は、被保険者が償還払いによる介護給付費を請求する場合は支払った日の翌日、事業者等が法定代理受領により介護報酬を受ける場合はサービスを提供した月の翌々月の1日

🔑 関連キーワード ●●●●●●●●●●●●●●●●●●●●●●●●●●●●●●●●●●

- ●社会保障審議会…厚生労働省に設置される。国が介護報酬の算定基準や事業者・施設の指定基準を定める際には、社会保障審議会の意見を聴かなければならない

すっきりnavi

■ 介護報酬の請求の手続き

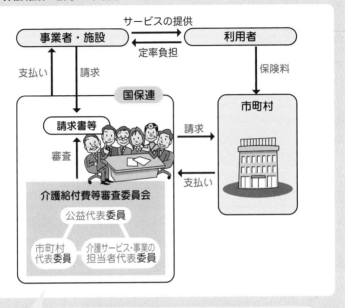

- 委員はそれぞれ同数。国保連が委嘱し、任期は2年
- 審査を行うため必要な場合は、都道府県知事または市町村長の承認を得て、事業者・施設に報告、帳簿書類の提出または提示、開設者・管理者、サービス担当者などの出頭を求めることができる

☑ 理解度チェック

□**1** 1単位の単価は全国一律である。

□**2** 介護給付費等審査委員会の委員は、国保連が委嘱する。

□**3** 保険給付を受ける権利は、5年を経過したときに時効により消滅する。

解答

1. × サービスごとに地域差がある ／ 2. ○ ／ 3. × 2年

9 利用者負担

▶関連 7、8、10、11

介護保険の給付

- 原則としてサービス費用の9割（一定以上所得のある第1号被保険者は8割か7割）が保険給付され、1割（または2割か3割）が利用者負担となる（応益負担）

※2割負担者のうち特に所得の高い層は、2018年8月より3割負担

- ケアマネジメントの費用（居宅介護サービス計画費と介護予防サービス計画費）の利用者負担はない

現物給付の要件

- 介護保険では、利用者がサービスの現物給付を受け、保険給付分は事業者・施設に直接支払われる法定代理受領方式が導入されている

■ 法定代理受領による現物給付化の要件

認定申請後にサービスを受けている	利用するサービスがケアプランに位置づけられている※	指定事業者・施設からサービスを受けている（例外あり）	被保険者証を提示している

※区分支給限度基準額が設定されていないサービスは不要

■ 現物給付化されず償還払いとなる給付（予防給付も同様）

福祉用具購入費	住宅改修費	高額介護サービス費	高額医療合算介護サービス費

🔑 関連キーワード ●●●●●●●●●●●●●●●●●●●●●●●●●●●●●●

- ケアプランへの位置づけ…ケアプラン（居宅サービス計画・介護予防サービス計画）にサービスが位置づけられることで、支給限度基準額の管理がされ、現物給付が可能になる。居宅介護支援事業者などへ依頼する場合は、事前に依頼する旨を市町村に届け出る。利用者自身が作成する場合は、そのケアプランを市町村に提出する

すっきり navi

■ 保険給付の対象外のため、利用者負担となるもの

：利用者負担部分

← 介護報酬の対象 →		宿泊費	居住費・滞在費・	食費	その他の日常生活費	特別なサービスの費用
居宅介護サービス費 施設介護サービス費等						
1割（2割または3割）負担						

おむつ代は、施設サービス、地域密着型介護老人福祉施設入所者生活介護、短期入所サービスでは保険給付の対象です

■ 利用者負担分の内訳

食費	食材料費と調理費相当
居住費・滞在費・宿泊費	個室は、室料と光熱水費相当。多床室は、光熱水費相当
日常生活費	理美容代、教養娯楽費など日常生活で必要となる費用で利用者負担が適当なもの
本人の希望による特別なサービス	遠隔地にある事業者の交通費や送迎費、特別メニューの食事など

> 支給限度基準額を超えた分も給付対象外

居住費・滞在費・食費は、低所得者では負担を軽くするための特定入所者介護サービス費があるよ！ 次のページで確認してね

☑ 理解度チェック

□ 1 ケアマネジメントを利用しても、利用者負担は生じない。

□ 2 被保険者が居宅サービス計画を自己作成した場合は、現物給付がされない。

□ 3 通所介護で使用したおむつ代は、保険給付に含まれる。

解答

1. ○／ 2. ✕ 現物給付がされる／ 3. ✕ 含まれない

利用者負担を軽減する給付

■高額介護サービス費・特定入所者介護サービス費（予防給付も同様）

給付名	対象者	対象範囲	支給要件
高額介護サービス費	要介護者	1か月分の定率の利用者負担額※福祉用具購入費・住宅改修費の利用者負担額、日常生活費など保険給付外の費用は対象外	所得に応じた負担上限額を超えた分が償還払い
特定入所者介護サービス費	要介護者のうち低所得者	施設サービス、地域密着型介護老人福祉施設入所者生活介護、短期入所サービスを利用した場合の食費、居住費または滞在費	基準費用額から負担限度額を差し引いた費用が現物給付

- 高額医療合算介護サービス費は、1年間の介護保険と医療保険の定率の負担額の合計額が一定の負担上限額を超えた場合に、超えた額がそれぞれの制度の利用者負担額の比率に応じて償還払いされる

社会福祉法人等による負担軽減・市町村による定率負担減免

- 低所得者に対し、社会福祉法人等が一定の福祉サービスを提供する場合、サービスの1割負担、食費、居住費（滞在費）、宿泊費が軽減される
- 市町村は、災害、生計維持者の心身の重大な障害や失業などで収入が著しく減少するなど特別な事情があり、定率の利用者負担が困難な利用者に対して、その負担を減額または免除できる

🔑 関連キーワード ●●●●●●●●●●●●●●●●●●●●●●●●●●●●●●

- **特定入所者介護サービス費の対象となる低所得者**…生活保護受給者と市町村民税世帯非課税者が対象だが、このうち預貯金など一定以上資産のある人は対象外となる。不正受給した場合には、給付額の最大2倍を加算して徴収される

すっきりnavi

■ 高額介護サービス費と特定入所者介護サービス費の給付

高額介護サービス費
（介護報酬の定率負担分が対象）

9割（8〜7割）

保険給付分

1割（2〜3割）

利用者負担分

Ⓐ 高額介護サービス費

負担上限額

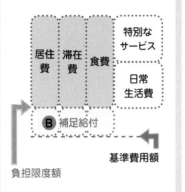

特定入所者介護サービス費
（別途利用者負担分が対象）

居住費　滞在費　食費　特別なサービス　日常生活費

Ⓑ 補足給付

負担限度額

基準費用額

Ⓐ 高額介護サービス費が償還払い（払い戻し）　← すべての利用者が対象

Ⓑ 特定入所者介護サービス費が現物給付　← 低所得者が対象

☑ 理解度チェック

□ 1 福祉用具購入費の利用者負担額は、高額介護サービス費の対象とならない。

□ 2 市町村民税世帯非課税者は、特定入所者介護サービス費の対象となる。

□ 3 市町村は、どのような理由があっても、定率負担の全額免除はできない。

解答

1. ○／ 2. ○／ 3. ✕ 災害など特別な理由がある場合は、全額免除も可能

11 支給限度基準額

▶関連 8、9、10

国が定める支給限度基準額

- 一部の在宅のサービスには、保険給付の上限額である支給限度基準額が設定され、超えた分は全額が利用者負担となる
- 区分支給限度基準額は、特定の種類のサービスをまとめ、保険給付の対象となる支給限度基準額を設定したもの

■ 国の定める支給限度基準額

名称	対象	額の設定
居宅介護サービス費等区分支給限度基準額	居宅サービスと地域密着型サービスの利用	要介護状態区分別に1か月ごとの単位数で設定
介護予防サービス費等区分支給限度基準額	介護予防サービスと地域密着型介護予防サービスの利用（特例でのサービスも含む）	要支援状態区分別に1か月ごとの単位数で設定
福祉用具購入費支給限度基準額	特定福祉用具の購入	同一年度で10万円
住宅改修費支給限度基準額	住宅改修	同一住宅で20万円

市町村独自の支給限度基準額

■ 市町村独自の支給限度基準額

種類支給限度基準額	区分支給限度基準額の範囲内で、特定のサービスの種類別の支給限度基準額（種類支給限度基準額）を条例で定める
支給限度基準額の上乗せ	独自の判断で国が定める支給限度基準額を上回る額を、その市町村の支給限度基準額として条例で定めることができる。財源は第1号保険料

🔑 関 連 キーワード ●●●●●●●●●●●●●●●●●●●●●●●●●●●●●●●●●

● **区分支給限度基準額管理期間**…新規認定で、月途中から認定の有効期間が始まった場合は、1か月分の支給限度基準額が適用される。月途中で要介護状態区分等に変更があった場合は、要介護状態区分等の重いほうに合わせた1か月分の支給限度基準額が適用される

すっきりnavi

■ 支給限度基準額の対象とならないサービス

介護給付	予防給付
● 居宅療養管理指導	● 介護予防居宅療養管理指導
● 特定施設入居者生活介護 ● 地域密着型特定施設入居者生活介護（いずれも短期利用を除く）	● 介護予防特定施設入居者生活介護
● 認知症対応型共同生活介護（短期利用を除く）	● 介護予防認知症対応型共同生活介護（短期利用を除く）
● 居宅介護支援	● 介護予防支援
● 地域密着型介護老人福祉施設入所者生活介護	－
● 施設サービス	－

☑ 理解度チェック

□ **1** 住宅改修費支給限度基準額は、同一住宅で10万円である。

□ **2** 市町村が、支給限度基準額の上乗せをする場合の財源は、第1号被保険者および第2号被保険者の保険料である。

□ **3** 看護小規模多機能型居宅介護は、区分支給限度基準額が設定されない。

解答

1. × 20万円／ 2. × 第1号保険料のみ／ 3. × 設定される

12 ほかの制度との給付調整

▶関連 9、10、59、85

介護保険よりも優先する給付

- 労働者災害補償保険法など災害補償関係各法の規定による、介護保険に相当する給付は、介護保険よりも優先して適用される

■ 介護保険に優先する給付を行う法律

労働災害や公務災害に対する補償の給付を行う法律	● 労働者災害補償保険法 ● 船員保険法　● 労働基準法 ● 国家公務員災害補償法　● 地方公務員災害補償法　など
国家補償的な給付を行う法律	● 戦傷病者特別援護法 ● 原子爆弾被爆者に対する援護に関する法律

その他の給付との調整

- 災害補償関係各法以外の、他制度からの介護保険に相当する給付については、介護保険の給付が優先する
- 他制度の固有のサービスは、他制度から給付が行われる

優先

介護保険 ＞ 医療保険
障害者総合支援法による自立支援給付
生活保護制度の介護扶助
保険優先の公費負担医療

老人福祉法の措置

- やむを得ない事由がある場合は、例外的に老人福祉法に基づく、措置による福祉サービスの提供が行われる

■ やむを得ない事由

- 本人が家族の虐待、無視を受けている
- 認知症などで意思能力が乏しく、本人を代理する家族がいない

関連キーワード ●●●●●●●●●●●●●●●●●●●●●●●●●●●●●

- **生活保護の対応**…介護保険の被保険者である生活保護受給者では、介護保険の利用者負担分は生活保護の介護扶助から、介護保険料は生活扶助から給付される

すっきりnavi

■介護保険と医療保険の医療の区別

介護保険	医療保険
● 介護のニーズに対応する医療	● 通常の医療、急性期治療 ● 介護保険施設での対応が困難な複雑な医療行為
・介護老人保健施設、介護医療院でのサービスや日常的な医療行為 ・要介護者等への訪問看護(急性増悪時や末期がん、神経難病の患者、精神科訪問看護は除く)	・人工透析などの複雑な医療行為 ・歯の治療、手術 ・要介護者等以外の人への訪問看護 ・要介護者等への訪問看護のうち、急性増悪時や末期がん、神経難病の患者、精神科訪問看護

☑ 理解度チェック

- □ **1** 国家公務員災害補償法による介護保険の給付に相当する給付は、介護保険の給付に優先する。

- □ **2** 介護保険の給付を受けていても、介護扶助の給付を受けることができる。

- □ **3** 介護保険制度施行後は、老人福祉法による措置は行われていない。

解答

1. ○／2. ○／3. ✕ やむを得ない事由がある場合には、例外的に措置が行われる

介護保険の要介護状態・要支援状態

● 第2号被保険者は、その要介護状態または要支援状態の原因が特定疾病でなければ、認定されない

■ 介護保険の要介護状態・要支援状態

要介護状態	要支援状態
身体上または精神上の障害のために、入浴、排泄、食事などの日常生活での基本的な動作の全部または一部について、6か月にわたり継続して、常時介護を要すると見込まれる状態	身体上もしくは精神上の障害のために、入浴、排泄、食事などの日常生活での基本的な動作の全部もしくは一部について、6か月にわたり継続して、常時介護を要する状態の軽減・悪化の防止のために支援を要する、または日常生活を営むのに支障があると見込まれる状態

■ 16の特定疾病

①	がん（いわゆるがん末期）	②	関節リウマチ
③	筋萎縮性側索硬化症（ALS）	④	後縦靱帯骨化症
⑤	骨折を伴う骨粗鬆症	⑥	初老期における認知症
⑦	進行性核上性麻痺、大脳皮質基底核変性症およびパーキンソン病	⑧	脊髄小脳変性症
⑨	脊柱管狭窄症	⑩	早老症
⑪	多系統萎縮症（シャイ・ドレーガー症候群、オリーブ橋小脳萎縮症、線条体黒質変性症）	⑫	糖尿病性神経障害、糖尿病性腎症および糖尿病性網膜症
⑬	脳血管疾患	⑭	閉塞性動脈硬化症
⑮	慢性閉塞性肺疾患（COPD）	⑯	両側の膝関節または股関節に著しい変形を伴う変形性関節症

すっきり navi

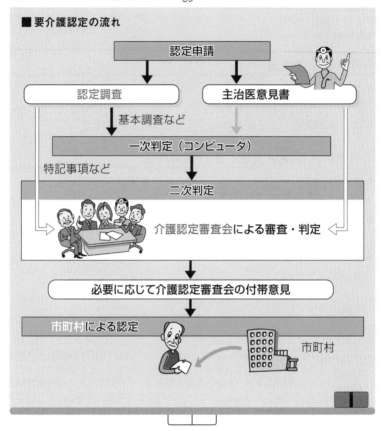

■ 要介護認定の流れ

認定申請

認定調査 → 基本調査など

主治医意見書

一次判定（コンピュータ）

特記事項など

二次判定

介護認定審査会による審査・判定

必要に応じて介護認定審査会の付帯意見

市町村による認定

市町村

☑ 理解度チェック

□ **1** 要介護状態とは、基本的な日常生活動作について、介護を要する状態が1年以上継続すると見込まれる状態をいう。

□ **2** 被保険者は、その要介護状態等の原因が特定疾病でなければ認定されない。

□ **3** 脊髄小脳変性症は、特定疾病に含まれる。

解答

1. ✕ 6か月以上／ 2. ✕ 第2号被保険者の場合のみ／ 3. ○

▶関連 13、15、16

要介護認定の申請

- 被保険者は、介護保険の被保険者証（交付を受けていない第2号被保険者の場合は不要）を添付して、市町村の窓口に申請する
- 第2号被保険者は、医療保険の被保険者証を提示する

市町村による認定調査と主治医意見書

- 市町村の職員が原則として行うが、委託も可能
- 遠隔地に住んでいる被保険者には、他市町村への嘱託が可能
- 市町村は、認定調査と同時に被保険者が申請書に記載した主治医に、主治医意見書への記載を求める
- 認定調査票は全国一律の様式。概況調査（プロフィール）、基本調査、特記事項で構成

■基本調査と主治医意見書の主な項目・内容

基本調査	身体機能・起居動作、生活機能、認知機能、精神・行動障害、社会生活への適応、特別な医療、日常生活自立度に関連する項目
主治医意見書	傷病に関する意見、特別な医療、心身の状態に関する意見（認知症の中核症状、認知症の行動・心理症状など）、生活機能とサービスに関する意見（移動、栄養・食生活、サービス利用による生活機能の維持・改善の見通し、医学的管理の必要性、血圧、摂食、嚥下などのサービス提供時における医学的観点からの留意事項）など

関連キーワード ●●●●●●●●●●●●●●●●●●●●●●●●●●●●

- **主治医意見書**…主に二次判定の資料となる。被保険者に主治医がいない場合は、市町村の指定する医師や市町村の職員である医師が診断し、主治医意見書を作成する
- **申請の却下**…市町村は、被保険者が正当な理由なく認定調査に応じないときや、被保険者が正当な理由なく市町村の指定する医師などの診断に応じないときは、申請を却下することができる

すっきりnavi

- 申請は被保険者が行うが、代理・代行が可能
- 認定調査は原則として市町村の職員が行うが、委託も可能

■ 被保険者の申請を代理・代行できる者

申請代理	家族や親族、成年後見人
申請代行	・地域包括支援センター ・指定居宅介護支援事業者、地域密着型介護老人福祉施設、介護保険施設（指定基準の一定の規定に違反したことのない者） ・社会保険労務士法に基づく社会保険労務士 ・民生委員

■ 市町村が認定調査を委託できる者

新規・更新・変更認定時	指定市町村事務受託法人
更新認定時変更認定時	・地域包括支援センター ・指定居宅介護支援事業者、地域密着型介護老人福祉施設、介護保険施設、介護支援専門員（指定基準などの一定の規定に違反したことのない者）

公平性・客観性の観点から、認定調査や審査・判定の基準は全国一律となっています

☑ 理解度チェック

□1 第2号被保険者は、要介護認定の申請時に医療保険の被保険者証を提示する。

□2 指定居宅サービス事業者は、申請の代行ができる。

□3 市町村は、新規認定にかかる認定調査を地域包括支援センターに委託できる。

解答

1. ○／ 2. ✕ できない／ 3. ✕ 新規認定では委託できない

15 審査・判定

▶関連 13、14、16

一次判定（コンピュータ）

● コンピュータにより基本調査の項目を5分野の行為に区分し、それぞれの行為に要する1日あたりの時間として要介護認定等基準時間を算出して一次判定がされる

■5分野の行為

直接生活介助	入浴、排泄、食事などの介護
間接生活介助	洗濯、掃除などの家事援助など
認知症の行動・心理症状（BPSD）関連行為	徘徊に対する探索など
機能訓練関連行為	歩行訓練、日常生活訓練などの機能訓練
医療関連行為	輸液の管理、褥瘡の処置などの診療の補助など

二次判定（介護認定審査会）

● 介護認定審査会は、一次判定結果、認定調査票の特記事項、主治医意見書の内容を踏まえて審査・判定を行い、市町村に通知する。その際に、必要な場合は意見を述べることができる

🔑 関連キーワード ●●●●●●●●●●●●●●●●●●●●●●●●●●●●●●

● **介護認定審査会の意見**…①要介護状態等の軽減または悪化の防止のために必要な療養に関する事項（要支援者では必要な家事援助に関する事項を含む）、②サービス（要支援者では介護予防・日常生活支援総合事業を含む）の適切・有効な利用などに関する留意すべき事項、③認定有効期間の短縮や延長に関する事項。①の意見に基づき、市町村はサービスの種類の指定を行うことができる

すっきりnavi

■ 介護認定審査会

設置	● 市町村が設置 ● 複数市町村の共同設置、広域連合・一部事務組合による設置、委託による都道府県介護認定審査会の設置も認められる ● 共同設置や委託の場合は、認定調査や認定は各市町村が行う ● 広域連合・一部事務組合による設置では認定調査や認定を広域連合などが行う
委員	● 市町村長が任命 ● 保健・医療・福祉の学識経験者 ● 任期は2年（または条例により2年を超え3年以下）で再任可能
議決	● 5人程度で構成される合議体で行う ● 議事は構成する委員の過半数の出席により行い、出席した委員の過半数によって議決
その他	審査・判定にあたり、必要に応じて、被保険者、家族、主治医、認定調査員、その他の専門家の意見を聴くことができる

介護認定審査会は、要介護状態等の確認のほか、第2号被保険者については特定疾病に該当するか否かも確認します

☑ 理解度チェック

□ 1 要介護認定等基準時間には、「輸液の管理」が含まれる。

□ 2 介護認定審査会の共同設置では、審査・判定のみ共同で行う。

□ 3 介護認定審査会は、審査・判定にあたり被保険者の意見を聴くことはできない。

解答

1. ○／2. ○／3. ✕ 被保険者、家族、主治医等の関係者から意見を聴くことができる

16 認定と有効期間

▶関連 13〜15

市町村の認定と通知

- 市町村は、介護認定審査会の審査・判定結果に基づき、認定または不認定の決定を行う
- 市町村は、認定結果と介護認定審査会の意見を被保険者証に記載し、被保険者に通知する。このとき被保険者証も返却する

更新認定

- 引き続き要介護状態等にある被保険者は、有効期間満了日の60日前から満了日までの間に更新認定の申請を行うことができる

区分変更認定

■被保険者による申請と職権による認定

被保険者による区分変更申請	被保険者は、認定の有効期間中に要介護度等に変化があった場合に、要介護状態区分等の変更の認定（変更認定）を市町村に申請することができる
市町村の職権による区分変更認定	市町村は、被保険者の介護の必要の程度が低下し、要介護状態区分等をより軽度の区分に変更する必要がある場合は、被保険者の申請を待たずに職権によって要介護状態区分等の変更認定をすることができる

🔑 関連キーワード ●●●●●●●●●●●●●●●●●●●●●●●●●●●

- **認定の効力**…認定により保険給付を受ける権利が発生する。新規認定の効力は申請日に遡るため、申請日から保険給付の対象となる。暫定ケアプランを作成すれば、申請日から現物給付で利用することが可能
- **住所移転時の認定**…認定を受けた被保険者が他市町村に住所を移転する場合は、移転前の市町村から認定について証明する書類の交付を受け、その書類を添えて移転先の市町村に申請する。これにより審査・判定は省略され、申請書類に基づき認定がされる

すっきりnavi

■ 認定の有効期間など

> 認定の有効期間は短縮や延長が認められている

種別	効力の発生日	原則有効期間	短縮・延長含めた認定可能範囲
新規認定	申請日	6か月	3〜12か月
更新認定	有効期間満了日の翌日	12か月	3〜36か月
			3〜48か月※
被保険者による区分変更申請	申請日	6か月	3〜12か月
職権による区分変更認定	市町村の処分日（認定日）	6か月	3〜12か月

※要介護・要支援度に変更がない場合

> 新規認定や区分変更の認定で、認定の有効期間が月途中から始まる場合は、申請日から月末までの日数とその後の有効期間を足した期間となる

> 新規認定の原則有効期間は、要介護状態の継続見込み期間と連動しているね

☑ 理解度チェック

- □ 1 介護認定審査会は、認定結果を被保険者に通知する。
- □ 2 新規認定された場合、その効力は、認定された日から発生する。
- □ 3 要介護更新認定の原則の有効期間は、要介護状態の継続見込み期間と連動して、6か月となる。

解答

1. ✕ 通知するのは市町村／2. ✕ 申請日に遡る／3. ✕ 12か月

17 地域支援事業

▶関連 18、19

地域支援事業の概要

- 市町村が実施。全市町村が行う必須事業と各市町村の判断により行われる任意事業がある
- 財源は公費と保険料で負担。市町村が利用料を設定し、利用者に請求できる（介護予防把握事業にかかる費用を除く）

地域支援事業の構成

介護予防・日常生活支援総合事業（必須事業）		
対象 第1号被保険者・要支援者等（第2号被保険者含む）		
事業内容	❶介護予防・生活支援サービス事業（第1号事業）	
	• 訪問型サービス（第1号訪問事業）　　• 通所型サービス（第1号通所事業）	
	• その他生活支援サービス（第1号生活支援事業）	
	• 介護予防ケアマネジメント（第1号介護予防支援事業）	
	❷一般介護予防事業	
	• 介護予防把握事業　　　　　　• 介護予防普及啓発事業	
	• 地域介護予防活動支援事業　　• 一般介護予防事業評価事業	
	• 地域リハビリテーション活動支援事業	
包括的支援事業（必須事業）		
対象 第1号被保険者・第2号被保険者		
事業内容	❶第1号介護予防支援事業（要支援者以外）	
	❷総合相談支援業務	
	❸権利擁護業務	
	❹包括的・継続的ケアマネジメント支援業務	
	❺在宅医療・介護連携推進事業	
	❻生活支援体制整備事業	
	❼認知症総合支援事業	
任意事業（任意で実施）　対象 被保険者や要介護者の介護者など		
事業	介護給付等費用適正化事業・家族介護支援事業・その他の事業	

関連キーワード ●●●●●●●●●●●●●●●●●●●●●●●●●●●●●

● **介護予防・日常生活支援総合事業のサービス提供主体**…市町村の直接実施、市町村の委託による実施、市町村の指定事業者による専門的なサービス提供、NPOなど住民主体の支援者への市町村の補助（助成）による実施など多様な方法で行われる

すっきりnavi

■ 事業の実施の委託

事業名	留意点	委託できる者
介護予防・日常生活支援総合事業	• 厚生労働省令で定める基準に適合する者 • 介護予防ケアマネジメントは、市町村または市町村の委託を受けた地域包括支援センターが実施。地域包括支援センターは、その業務の一部を指定居宅介護支援事業者へ委託可	
包括的支援事業	• 事業は一括して委託する（左ページ表の❶〜❹の事業） • 一括して委託する場合は、市町村が包括的支援事業の実施方針を示して委託する	事業を適切・公正・中立・効率的に実施できる者（一括して委託する場合は法人）で、老人福祉法上の老人介護支援センターの設置者など →一括委託を受けた法人が地域包括支援センターを設置
任意事業	全部または一部の委託	老人福祉法上の老人介護支援センターの設置者など

☑ 理解度チェック

□ **1** 介護給付等費用適正化事業は必須事業に含まれる。

□ **2** 介護予防・日常生活支援総合事業には、第1号生活支援事業が含まれる。

□ **3** 包括的支援事業には、家族介護支援事業が含まれる。

解答

1. × 必須事業ではなく、任意事業／ 2. ○／ 3. × 家族介護支援事業は任意事業

総合事業の内容

- 介護予防・生活支援サービス事業の対象は、要支援者（第1号被保険者・第2号被保険者）または基本チェックリストに該当した第1号被保険者、継続利用要介護者（要介護認定前から市町村の補助により実施されるサービスを継続利用していた要介護者）
- 一般介護予防事業の対象は、すべての第1号被保険者

■ 総合事業の内容

介護予防・生活支援サービス事業（第1号事業）	訪問型サービス（第1号訪問事業）	①以前の介護予防訪問介護に相当するサービス、②緩和した基準によるサービス、③住民主体による支援、④専門職による短期集中予防サービスなど
	通所型サービス（第1号通所事業）	①以前の介護予防通所介護に相当するサービス、②緩和した基準によるサービス、③住民主体による支援、④専門職による短期集中予防サービス
	その他生活支援サービス（第1号生活支援事業）	・栄養改善などを目的とした配食 ・自立支援を目的とした定期的な安否確認・緊急時対応など
	介護予防ケアマネジメント（第1号介護予防支援事業）	・介護予防ケアマネジメント ・原則的なケアマネジメントプロセス、簡略化したケアマネジメントプロセス、初回のみのケアマネジメントプロセスの3つから選択可
一般介護予防事業	介護予防把握事業	収集した情報を活用し、閉じこもりなど何らかの支援を要する者を把握し、介護予防活動につなげる
	介護予防普及啓発事業	体操教室や講演会開催、パンフレット作成、介護予防手帳配布など介護予防活動を普及・啓発する
	地域介護予防活動支援事業	人材育成のための研修など地域における住民主体の介護予防活動の育成・支援
	一般介護予防事業評価事業	年度ごとの事業評価、事業の実施方法などの改善
	地域リハビリテーション活動支援事業	通所、訪問、地域ケア会議、住民主体の通いの場などでリハビリテーション専門職などが助言を行う

すっきりnavi

■ 総合事業の利用

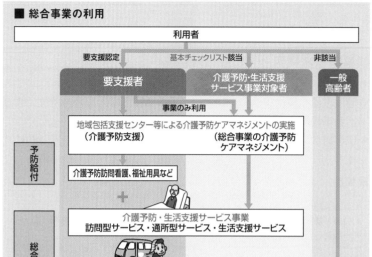

利用者

要支援認定　　　　基本チェックリスト該当　　　　非該当

要支援者	介護予防・生活支援サービス事業対象者	一般高齢者

事業のみ利用

予防給付

地域包括支援センター等による介護予防ケアマネジメントの実施
（介護予防支援）　　　　　　　（総合事業の介護予防ケアマネジメント）

介護予防訪問看護、福祉用具など

総合事業

介護予防・生活支援サービス事業
訪問型サービス・通所型サービス・生活支援サービス

一般介護予防事業
体操教室の普及啓発など

認定を受けていれば保険給付も併用できますよ！

☑ 理解度チェック

- □ 1 介護予防・生活支援サービス事業は、第2号被保険者は要支援認定を受けることが利用要件となる。

- □ 2 第1号生活支援事業では、配食や安否確認などを行うことができる。

- □ 3 一般介護予防事業では、改正前の介護予防訪問介護に相当するサービスを行うことができる。

解答

1. ○／ 2. ○／ 3. × 介護予防・生活支援サービス事業の第1号訪問事業で行われる

19 地域包括支援センター

▶関連 17、18

地域包括支援センターの設置と業務

- 市町村または市町村の委託を受けた法人が設置する
- 地域包括支援センターの設置・運営に関しては、市町村単位で設置される地域包括支援センター運営協議会が関与する
- 市町村は、下表の①〜④の事業については、一括して委託しなければならない。⑤〜⑦の事業については、分割委託が可能である

■ 業務

- 介護予防ケアマネジメント
- 介護予防支援
- 一般介護予防事業

- 包括的支援事業
- 地域ケア会議の主催

- 任意事業

■ 包括的支援事業の内容

①第1号介護予防支援事業	介護予防ケアマネジメントの実施　※総合事業の介護予防ケアマネジメントと一体的に実施
②総合相談支援業務（事業）	保健医療の向上や福祉の増進を図るための総合的な支援を行う
③権利擁護業務（事業）	虐待の防止や早期発見のための業務、権利擁護のための必要な援助を行う
④包括的・継続的ケアマネジメント支援業務（事業）	地域ケア会議を通じてのケアマネジメント支援、ネットワークの構築や活用、地域の介護支援専門員への相談・助言、支援困難事例への指導や助言など
⑤在宅医療・介護連携推進事業	医療の専門家が、関係者の連携を推進するものとして、厚生労働省令で定める事業を行う
⑥生活支援体制整備事業	生活支援コーディネーターや就労的活動支援コーディネーターの配置、協議体の設置などにより高齢者の社会参加および生活支援の充実を推進する
⑦認知症総合支援事業	認知症の早期対応のための支援や認知症の被保険者に総合的な支援を行う。認知症初期集中支援チームの設置、認知症地域支援推進員、チームオレンジコーディネーターの配置など

関連キーワード ●●●●●●●●●●●●●●●●●●●●●●●●●●●●●●●

- **地域包括支援センターの人員配置**…原則として保健師、主任介護支援専門員、社会福祉士を配置
- **地域ケア会議**…包括的・継続的ケアマネジメント支援業務（事業）の効果的な実施のため市町村が設置するよう努める。①個別課題の解決、②地域包括支援ネットワークの構築、③地域課題の発見、④地域づくり・資源開発、⑤政策の形成といった5つの機能がある

すっきりnavi

■ 地域包括支援センターと地域包括ケアシステム

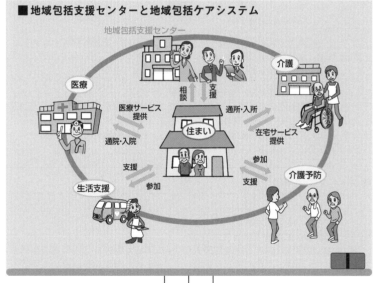

☑ 理解度チェック

□**1** 地域包括支援センターは、包括的支援事業を行う。

□**2** 地域包括支援センター運営協議会は、都道府県単位で設置される。

□**3** 地域包括支援センターには、医師が配置される。

解答

1. ○／2. ✕ 市町村単位／3. ✕ 原則として、保健師、主任介護支援専門員、社会福祉士

20 介護保険事業計画

▶関連 5

国の基本指針と介護保険事業（支援）計画の作成

● 医療介護総合確保法の総合確保方針に即して定められる国の基本指針に沿って、3年を1期として定められる

■国、都道府県、市町村が行うこと

国	基本指針を定め、変更する際には、総務大臣その他関係行政機関の長に協議する	市町村や都道府県に対し、必要な情報の提供や助言などの援助を行うよう努める
都道府県	策定・変更した都道府県介護保険事業支援計画は、厚生労働大臣に提出する	市町村介護保険事業計画作成上の技術的事項について必要な助言ができる
市町村	介護保険事業計画を定め、変更する際には、都道府県の意見を聴き（一定の「定めるべき事項」部分のみ）、策定・変更した計画は、都道府県知事に提出する	介護保険事業計画を定め、変更する際には、あらかじめ、被保険者の意見を反映させる

■計画に定める事項

	市町村介護保険事業計画	都道府県介護保険事業支援計画
定めるべき事項	①認知症対応型共同生活介護・地域密着型特定施設入居者生活介護・地域密着型介護老人福祉施設入所者生活介護の必要利用定員総数など ②地域支援事業の量の見込み ③被保険者の地域における自立した日常生活の支援、要介護状態等となることの予防または要介護状態等の軽減・悪化の防止、介護給付等に要する費用の適正化に関し、市町村が取り組むべき施策（自立支援等施策）に関する事項、およびこれらの目標に関する事項	● 介護専用型特定施設入居者生活介護・地域密着型特定施設入居者生活介護・地域密着型介護老人福祉施設入所者生活介護の必要利用定員総数や、介護保険施設の種類ごとの必要入所定員総数など ● 都道府県内の市町村による自立支援等施策への支援に関し、都道府県が取り組むべき施策とその目標に関する事項

| 定めるよう努める事項 | ・左記①の見込み量確保のための方策
・地域支援事業にかかる費用の額および見込み量確保のための方策
・サービス従事者の確保と資質の向上、事業所・施設における業務の効率化、介護サービスの質の向上その他の生産性の向上に資する都道府県と連携した取り組みに関する事項
・介護給付等対象サービスと地域支援事業の量や費用、保険料の水準の中長期的な推計　など | ・介護保険施設などの生活環境の改善を図るための事業に関する事項
・介護サービス情報の公表に関する事項
・サービス従事者の確保と資質の向上、事業所・施設における業務の効率化、介護サービスの質の向上その他の生産性の向上に資する事業に関する事項
・介護保険施設相互間の連携確保に関する事業など、介護給付等対象サービスの円滑な提供を図るための事業に関する事項　など |

すっきりnavi

■ 老人福祉計画との一体的作成とほかの計画との関係

国
基本指針

	一体的作成	整合性の確保	調和をとる
市町村介護保険事業計画	市町村老人福祉計画	市町村計画	・市町村地域福祉計画 ・市町村高齢者居住安定確保計画
都道府県介護保険事業支援計画	都道府県老人福祉計画	・都道府県計画 ・医療計画	・都道府県地域福祉支援計画 ・都道府県高齢者居住安定確保計画

☑ 理解度チェック

□1 市町村は、介護保険事業計画を国に提出しなければならない。

□2 都道府県介護保険事業支援計画は、都道府県老人福祉計画と一体的に作成されなければならない。

解答

1. × 都道府県に提出／2. ○

21 事業者・施設の指定

▶関連 22〜24

事業者・施設の指定

- 指定は、原則として申請に基づき、事業所を単位（介護保険施設では施設単位）に行われる
- 申請者が指定要件に該当しない場合は、指定は行われない
- 指定には、6年間の有効期間があり、事業者等は更新の申請を行う

■ 事業者の指定と申請者

	事業者種別		申請者の条件
都道府県知事が指定（許可）するもの	指定居宅サービス事業者		法人 ＊病院・診療所、薬局は法人格不要
	指定介護予防サービス事業者		
	介護保険施設	指定介護老人福祉施設	老人福祉法上の設置認可を得た入所定員30人以上の特別養護老人ホーム
		介護老人保健施設	地方公共団体、医療法人、社会福祉法人その他厚生労働大臣が定める者 ＊指定ではなく開設許可を得る
		介護医療院	
市町村長が指定するもの	指定地域密着型サービス事業者		法人
	指定地域密着型介護予防サービス事業者		法人
	指定居宅介護支援事業者		法人
	指定介護予防支援事業者		地域包括支援センターの設置者または指定居宅介護支援事業者

■ 指定の特例（みなし指定）のある事業者・サービス

事業者	指定の特例のあるサービス（介護予防サービスも同様）
保険医療機関 （病院・診療所）	居宅療養管理指導、訪問看護、訪問リハビリテーション、通所リハビリテーション、短期入所療養介護（療養病床を有する病院・診療所にかぎる）
保険薬局	居宅療養管理指導
介護老人保健施設 介護医療院	短期入所療養介護、通所リハビリテーション

関連キーワード ●●●●●●●●●●●●●●●●●●●●●●●●●●●●●●

● **共生型サービス**…2017（平成29）年の制度改正により、介護保険制度、障害者福祉制度に共生型サービスが位置づけられた。介護保険法の居宅サービス等について、障害者総合支援法の障害福祉サービス、児童福祉法の障害児通所支援にかかる指定を受けている事業所は、共生型サービスの基準に基づき指定が行われ、もう一方の制度における指定を受けやすくする特例が設けられている

すっきりnavi

■ 指定をしてはならない場合（すべての事業者に共通）

- 法人格（病院・診療所・薬局を除く）を有していない
- 条例に定める人員・設備・運営基準を満たしていない　など

■ 共生型サービスの対象となるサービス

	介護保険サービス		障害福祉サービス等
ホームヘルプサービス	訪問介護	⇔	居宅介護、重度訪問介護
デイサービス	通所介護、地域密着型通所介護	⇔	生活介護※、自立訓練、児童発達支援※、放課後等デイサービス※
ショートステイ	短期入所生活介護、介護予防短期入所生活介護	⇔	短期入所

※主として重症心身障害者等を通わせる事業所を除く

☑ 理解度チェック

- □ 1 介護予防支援事業者の申請者は地域包括支援センターの設置者にかぎられる。
- □ 2 保険薬局は、申請をしなくても居宅療養管理指導事業者としての指定を得ることができる。
- □ 3 訪問介護は共生型サービスの対象となっている。

解答

1. × 2023年の改正により指定居宅介護支援事業者も申請し、指定を受けることができる／ 2. ○／ 3. ○

事業者への指導・監督

- 都道府県知事・市町村長は、事業者などに、報告または帳簿書類の提出や提示を命じ、立ち入り検査をすることができる（都道府県知事は指定した事業者、市町村長はすべての事業者に対して）
- 都道府県知事・市町村長は、指定した事業者が一定の事由に該当する場合は、勧告、命令、指定の取り消しまたは指定の全部または一部の効力停止を行うことができる
- 市町村は、都道府県の指定事業者が勧告要件または指定取り消し事由に該当した場合、その旨を都道府県知事に通知する

■指定の取り消しなどの主な事由　　　※趣旨はすべての事業者共通

- 申請者が禁錮以上の刑、介護保険法その他の保健医療・福祉の法律や労働に関する法律による罰金刑を受けている
- 市町村協議制により指定の際に付された条件に従わない（居宅サービス事業者の場合）
- 人員基準・設備基準を満たさず運営基準に従っていない
- 不正請求があった、都道府県知事などの報告命令などに従わない、虚偽の報告や不正な手段で指定を受けた
- 認定等の更新認定等における認定調査の委託を受けた場合、その調査結果について虚偽の報告をしたとき（※認定の委託が認められる事業者のみ）　など

🔑 関連キーワード ●●●●●●●●●●●●●●●●●●●●●●●●●●●●●●●●●●●

- **市町村協議制**…市町村長は、定期巡回・随時対応型訪問介護看護、小規模多機能型居宅介護、看護小規模多機能型居宅介護の見込み量を確保するため、都道府県知事が訪問介護、通所介護、短期入所生活介護を指定する際に、協議を求めることができる。この結果により、都道府県知事は訪問介護などの指定をしないか、事業の適正な運営を確保するために必要と認める条件を付して指定をする

すっきりnavi

■勧告、命令、指定の取り消し

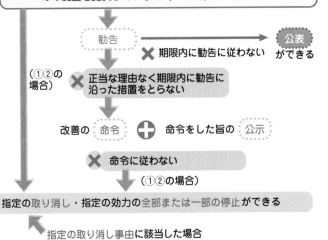

勧告要件
①市町村協議制により指定の際に付された条件に従わない（居宅サービス事業者の場合）
②人員基準を満たしていない。設備・運営基準に従って適正に運営していない
③事業の休廃止時に、利用者への継続的なサービス提供のための便宜を提供していない（→ P56）

勧告 ──→ ✕ 期限内に勧告に従わない ──→ **公表** ができる

（①②の場合）✕ 正当な理由なく期限内に勧告に沿った措置をとらない

改善の 命令 ➕ 命令をした旨の 公示

✕ 命令に従わない

（①②の場合）

指定の取り消し・指定の効力の全部または一部の停止ができる

◀ 指定の取り消し事由に該当した場合

☑ 理解度チェック

☐ **1** 市町村長は、都道府県知事が指定した事業者に対しても、立ち入り検査をすることができる。

☐ **2** 都道府県知事・市町村長は、事業者の指定を取り消す前には、必ず勧告・命令の手順を踏まなければならない。

☐ **3** 市町村長は、都道府県知事が訪問介護を指定する際に、協議を求めることができる。

解答

1. ○／ 2. ✕ 勧告・命令の手順を踏まず指定取り消しができる／ 3. ○

23 事業者の責務・義務

▶関連 21、22、24

事業者の基準

- 指定基準（人員・設備・運営基準）は、指定権者である都道府県または市町村が定める
- 国の基準（省令）は、①従うべき基準、②標準、③参酌すべき基準、に分けられ、これらの項目に沿って条例が定められる

事業者の責務

- 設備・運営基準に従い、利用者の心身の状況に応じた適切なサービスを提供する。人員基準に従い、必要な員数の従業者を確保する
- 自ら提供するサービスの質の評価を行い、常に利用者の立場に立ったサービスを提供するよう努める
- 被保険者証に記載された介護認定審査会の意見に配慮してサービスを提供するよう努める
- 事業の休廃止時に、利用者への継続的なサービス提供のための便宜を提供する
- 利用者の人格を尊重し、介護保険法やこれに基づく命令を遵守し、利用者のために忠実に職務を遂行する

変更の届出

- ①事業所・施設の名称や所在地などに変更があったとき、②休止した事業を再開したとき、③事業を廃止または休止しようとするときは、指定した都道府県知事または市町村長に届け出る必要がある（指定介護老人福祉施設・指定地域密着型介護老人福祉施設は①のみ）

🔑 関連キーワード ●●●●●●●●●●●●●●●●●●●●●●●●●

- **公示**…都道府県知事・市町村長は、①事業者の指定をしたとき、②事業の廃止の届出（介護老人福祉施設、地域密着型介護老人福祉施設では指定の辞退）があったとき、③指定の取り消しまたは効力停

止を行ったときに、事業者の名称や事業所の所在地などを公示する

● **基準該当サービスの事業者**…指定事業者の基準をすべて満たさない
事業者でも、市町村の判断で保険給付の対象となる。ただし、医療
サービスや地域密着型サービス、施設サービスでは認められない

すっきりnavi

■ 条例で指定基準を定めるサービス

サービスの種類		定める地方公共団体
居宅サービス 基準該当居宅サービス	➡	都道府県
介護予防サービス 基準該当介護予防サービス	➡	都道府県
地域密着型（介護予防）サービス	➡	市町村
居宅介護支援 基準該当居宅介護支援	➡	市町村
介護予防支援 基準該当介護予防支援	➡	市町村
介護保険施設（施設サービス）	➡	都道府県

※都道府県が定めるものは、指定都市・中核市では市が定める
※居宅サービス、介護予防サービス、地域密着型サービスには共生型サービスを含む

☑ 理解度チェック

□ 1 居宅サービスの基準は、都道府県が定める。

□ 2 基準該当居宅介護支援の基準は、市町村が条例で定める。

□ 3 指定居宅介護支援事業者が、名称や事業所の所在地を変更したときは、都道
府県知事に届け出る必要がある。

解答

1. ○／2. ○／3. × 市町村長

24 介護サービス情報の公表

▶関連 21〜23

介護サービス情報の公表

● 介護サービス事業者は、介護サービス情報を都道府県知事に報告し、都道府県知事は、必要に応じてその内容を調査して、報告の内容または調査結果を公表する

■ 報告の時期

① サービスの提供を開始するとき	➡	基本情報
② 報告計画に基づき年1回程度	➡	基本情報、運営情報

■ 公表が義務づけられている介護サービス情報

基本情報	事業者や事業所の名称、所在地、介護サービスに従事する職員の体制、事業所等の運営方針、介護サービスの内容、提供実績、苦情対応窓口の状況、利用料金　など
運営情報	利用者等の権利擁護等、相談・苦情等の対応、介護サービスの内容の評価・改善等、適切な事業運営の確保、安全管理および衛生管理、情報管理・個人情報保護のために講じている措置　など

■ 命令と指定取り消し

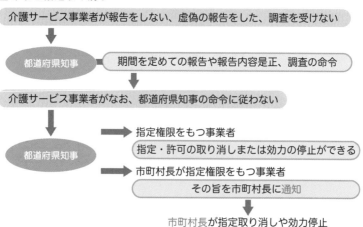

介護サービス事業者が報告をしない、虚偽の報告をした、調査を受けない

都道府県知事 ── 期間を定めての報告や報告内容是正、調査の命令

介護サービス事業者がなお、都道府県知事の命令に従わない

都道府県知事

➡ 指定権限をもつ事業者
指定・許可の取り消しまたは効力の停止ができる

➡ 市町村長が指定権限をもつ事業者
その旨を市町村長に通知

市町村長が指定取り消しや効力停止

関連キーワード ●●●●●●●●●●●●●●●●●●●●●●●●●●●●●

- **指定調査機関・指定情報公表センター**…都道府県知事が指定。それぞれに介護サービス情報の報告内容の調査事務、公表事務（全部または一部）を行わせることができる

- **介護サービス事業者経営情報の調査・分析など**…介護サービス事業者の経営状況を詳細に把握・分析し、介護保険制度の施策の検討などに活用できるよう、介護サービス事業者の収益や費用などの経営情報（介護サービス事業者経営情報）の調査・分析などに関する事項が、2023年の改正で規定された

すっきりnavi

■介護サービス事業者経営情報の調査・分析など

介護サービス事業者	介護サービス事業者経営情報を都道府県知事に定期的に報告しなければならない（義務）
都道府県知事	・介護サービス事業者経営情報について調査・分析を行い、その内容を公表するよう努める ・事業者に対する報告命令、事業者が命令に従わない場合の指定取り消しなどの権限を有する
厚生労働大臣（国）	介護サービス事業者経営情報を収集して整理・分析し、その結果をインターネットなどで国民に迅速に提供できるよう、必要な施策を実施。必要に応じて都道府県知事に介護サービス事業者の活動の状況などの情報の提供を求めることができる

☑ 理解度チェック

- □**1** 地域密着型サービス事業者は、介護サービス情報を、指定を行った市町村長に報告しなければならない。
- □**2** 介護サービス情報の公表において、介護サービス事業者が報告すべき基本情報には、運営方針も含まれる。

解答

1. ✕ 都道府県知事に報告／2. ○

25 介護保険の財政

▶関連 26

介護保険制度の財源と負担割合

- 市町村は、介護保険財政の支出と収入を明確にするため、特別会計を設置する
- 利用者負担分を除いた介護給付費（予防給付費含む）と地域支援事業の費用は、公費と保険料で賄う

調整交付金

- 国の負担分は、定率負担金と平均5%の調整交付金から構成される
- 調整交付金は、市町村の財政力の格差を是正するためのもの

■ 調整交付金の内訳

普通調整交付金	特別調整交付金
後期高齢者比率や第1号被保険者の所得水準の格差を調整	災害時などの保険料減免や保険料減収などを調整

財政安定化基金

- 財政安定化基金が都道府県に設置され、市町村の財政不足に応じて資金の貸付、交付を行う
- 財源は国、都道府県、市町村（第1号被保険者の保険料を財源）が3分の1ずつ負担する

■ 内容

市町村の保険料収納率の悪化	➡ 介護保険事業計画の計画期間の3年度目に不足額の2分の1を交付
市町村の介護給付費の増大など	➡ 必要な資金を貸付。貸付を受けた市町村は、次の計画期間の3年間で分割償還（無利子）

すっきりnavi

■ 介護給付費と地域支援事業の負担割合（2021～2023年度）

		介護給付費		地域支援事業	
		居宅給付費	施設等給付費	総合事業	総合事業以外
公費	国	25%※	20%※	25%※	38.5%
	都道府県	12.5%	17.5%	12.5%	19.25%
	市町村	12.5%	12.5%	12.5%	19.25%
保険料	第1号保険料	23%	23%	23%	23%
	第2号保険料	27%	27%	27%	なし

※調整交付金を含む

保険料の負担割合は、第1号被保険者と第2号被保険者の人口比に応じて、3年ごとに改定されます

後期高齢者の比率が高くて、第1号被保険者の所得水準が低い市町村は、財政力がないので調整交付金は5%より多くなるよ

☑ 理解度チェック

□ 1 施設等給付費の公費負担割合は、国、都道府県、市町村が3分の1ずつとなっている。

□ 2 調整交付金は、市町村の財政力の格差に応じて傾斜的に交付される。

□ 3 市町村が財政安定化基金から資金の貸付を受けた場合、貸付を受けた計画期間の最終年度に一括で償還しなければならない。

解答

1. ✕ 国20%、都道府県17.5%、市町村12.5% ／ 2. ○ ／ 3. ✕ 貸付を受けた期の次の期の計画期間において3年間で分割償還する

26 介護保険の保険料

▶関連 25

保険料の算定と徴収

■第1号保険料と第2号保険料の算定

第1号被保険者の保険料	第2号被保険者の保険料
● 各市町村が介護給付費の見込みなどに応じて3年ごとに保険料率（9段階の所得段階別定額保険料）を算定 ● 保険料率は細分化や各段階の保険料率の変更が可能	● 各医療保険者が支払基金より課された介護給付費・地域支援事業支援納付金をもとに、年度ごとに保険料率を算定 ● 健康保険では、事業主負担がある（国民健康保険では、国庫負担）

■第1号保険料の特別徴収と普通徴収

特別徴収（年金保険者を通し徴収）

対象 老齢・退職年金受給者
遺族年金、障害年金受給者

普通徴収（市町村徴収）※委託可

対象 無年金者
低年金者（年額18万円未満）

滞納者に対する措置

■市町村による段階的な措置（保険給付を受けている場合の例）

🔑 関連キーワード ●●●●●●●●●●●●●●●●●●●●●●●●●●●●●

● **保険給付の制限**…刑事施設や労役場などに拘禁（こうきん）されている期間は、保険給付は行われない。また、故意の犯罪行為や重大な過失、正当な理由なくサービス利用に関する指示に従わずに要介護状態等になった人などには、保険給付の制限がされることがある

すっきりnavi

■ 保険料の徴収の流れ

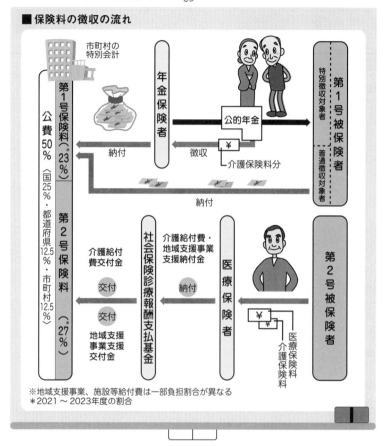

※地域支援事業、施設等給付費は一部負担割合が異なる
＊2021〜2023年度の割合

☑ 理解度チェック

□ **1** 第1号被保険者の保険料の算定は、医療保険者が3年ごとに行う。

□ **2** 介護給付費・地域支援事業支援納付金とは、第2号被保険者の保険料である。

□ **3** 保険料を滞納しても、保険給付の制限が行われることはない。

解答

1. ✕ 市町村／ 2. ○／ 3. ✕ 滞納が1年6か月を過ぎると、保険給付の全部または一部の一時差し止めが行われる

27 国保連と介護保険審査会の業務

▶関連 8

国保連（国民健康保険団体連合会）の介護保険関係業務

■ 国保連の業務

市町村からの委託で行う	● 介護給付費の審査・支払い業務 ● 介護予防・日常生活支援総合事業の第1号事業支給費などに必要な費用の審査・支払い業務
独立業務	苦情処理にかかる業務
行うことのできる事業（①は市町村からの委託）	①第三者行為への損害賠償金の徴収・収納の事務 ②指定居宅サービス、指定地域密着型サービス、指定居宅介護支援、指定介護予防サービス、指定地域密着型介護予防サービスの事業や介護保険施設の運営 ③その他、介護保険事業の円滑な運営に資する事業

国保連の苦情処理業務

● 苦情の受け付け（書面、口頭）、事実関係の調査や改善事項の提示などを行う
● 指定基準に違反している事業者・施設に対し、強制権限を伴う立ち入り検査、指定の取り消しなどを行う権限はない

介護保険審査会

● 被保険者が保険者の行った行政処分に不服がある場合は、第三者機関である介護保険審査会に審査請求を行うことができる
● 処分の取り消しを裁判所に訴える場合は、介護保険審査会の裁決を経たあとでなければならない

 関連キーワード ●●●●●●●●●●●●●●●●●●●●●●●●●●●●●●●●

● **第三者行為への損害賠償請求権**…被保険者の要介護状態等の原因が、第三者の加害行為による場合は、市町村は保険給付額の限度で、被保険者が第三者に対してもつ損害賠償請求権を取得する

すっきりnavi

■ 介護保険審査会

設置者	都道府県
審理対象	①要介護認定等に関する処分、被保険者証の交付の請求に関する処分など保険給付に関する処分 ②保険料その他介護保険法の規定による徴収金に関する処分
委員	都道府県知事が任命し、任期は3年 ①市町村代表委員 ②被保険者代表委員 ③公益代表委員（③から選挙で会長を1人選任）
専門調査員	都道府県知事が保健・医療・福祉の学識経験者から任命。任意設置

審査請求は委員の合議体で行う

要介護認定等に関する処分等 → 合議体：公益代表委員（都道府県の条例に定める数）　介護保険審査会

要介護認定等以外の処分等 → 合議体：公益代表委員3人　市町村代表委員3人　被保険者代表委員3人
※公益代表委員に必ず会長を含むこと

☑ 理解度チェック

□1 国保連は、指定介護予防支援事業を行うことができる。

□2 国保連は、事業者の指定取り消しをすることができる。

□3 介護保険審査会の委員は市町村長が任命する。

解答

1. ✕ 指定介護予防支援事業は地域包括支援センターと指定居宅介護支援事業者が行う／2. ✕ できない／3. ✕ 都道府県知事が任命

基本方針・運営基準の概要

※介護予防支援事業共通

基本方針（キーワード）
● 居宅での自立した日常生活、多様な事業者からの総合的・効率的なサービス提供への配慮
● 利用者の意思・人格を尊重、常に利用者の立場に立つ、公正中立
● 市町村、地域包括支援センター、ほかの指定居宅介護支援事業者、障害者総合支援法に規定する指定特定相談支援事業者などとの連携
● 利用者の人権の擁護、虐待の防止等のための体制整備、研修の実施など
● 介護保険等関連情報その他必要な情報の活用によるサービス実施

サービス開始時や利用にかかわる運営基準（→P204）
● 内容・手続きの説明と同意　重要事項を記した文書を交付して説明を行い、利用申込者の同意を得なければならない
● 提供拒否の禁止　拒否できる正当な理由は、①事業所の現員では利用申込に応じきれない、②通常の事業の実施地域外、③利用申込者が同時にほかの事業者にも依頼
● サービス提供困難時の対応　適当なほかの事業所を紹介
● 受給資格等の確認　利用者の被保険者証で確認
● 要介護認定の申請にかかる援助　利用者の希望に応じて申請代行、有効期間満了30日前には更新認定の申請がなされるよう援助
● 身分を証する書類の携行　初回訪問時や求められたときには提示
● 保険給付請求のための証明書の交付　償還払いの場合に交付
● 利用者に対する居宅サービス計画などの書類の交付　利用者が（①ほかの事業者の利用を希望、②要介護→要支援になった、など）の場合
● 利用者に関する市町村への通知　利用者が（①指示に従わず要介護状態等が進んだ、②不正受給）の場合
● 秘密保持　個人情報開示の際には、本人から文書による同意
● 事故発生時の対応　事故発生時の市町村・家族などへの連絡、処置の記録
● 苦情処理　自らのサービスのほか、計画に位置づけたサービスへの苦情も受付、市町村や国保連が行う調査などに協力、改善、報告

🔑関連キーワード ●●●●●●●●●●●●●●●●●●●●●●●●●●●●●●●●

● **介護予防支援の実施**…2024（令和6）年度から、指定居宅介護支援事業者が市町村長による介護予防支援事業者の指定を受け、介護予防支援を行うことが可能となった。従来どおり、地域包括支援センターから介護予防支援の業務の一部を委託することも可能

すっきりnavi

■国の人員基準（事業所ごとに配置）の比較

居宅介護支援事業	介護予防支援事業（地域包括支援センターの設置者による事業者）
介護支援専門員を常勤で1人以上。利用者35人またはその端数を増すごとに1人を基準として配置（増員分は非常勤でも可）	担当職員を1人以上 担当職員は保健師、介護支援専門員、社会福祉士、経験ある看護師、高齢者保健福祉に関する相談業務などに3年以上従事した社会福祉主事のいずれか
管理者は常勤で、主任介護支援専門員であること※ 支障なければ介護支援専門員との兼務や同一敷地内でのほかの事業所の職務との兼務が可能	管理者は常勤（職種の規定はない）。支障なければ事業所のほかの職務や地域包括支援センターの職務との兼務が可能

※2027年3月31日までは要件適用の猶予あり。また、やむを得ない理由がある場合は介護支援専門員でも可

運営基準は試験対策として最重要だよ。資料編のP204～も必ず学習しよう！

☑ 理解度チェック

□1 サービス提供の開始時に、重要事項の説明をしなくてもよい。

□2 指定居宅介護支援事業所には、介護支援専門員が常勤で1人以上必要である。

□3 地域包括支援センターの設置者である指定介護予防支援事業所には、介護支援専門員は必置ではない。

解答

1. ✕ 必ず文書を交付して説明し、同意を得てサービスを提供／ 2. ○／ 3. ○

居宅介護支援とは

● 居宅介護支援は、居宅介護支援事業所の介護支援専門員が行う

居宅サービス計画（ケアプラン）作成上の留意点

■ 計画作成上の留意点

※介護予防支援事業共通

● 総合的な計画作成
利用者の日常生活全般を支援する観点から、介護保険の給付対象外のサービス、地域住民の自発的な活動によるサービスなどの利用も含めるよう努め、総合的で多様な計画となるよう配慮する

● 医療サービスの主治医の指示
利用者が医療サービスの利用を希望している場合は、主治の医師等（主治の医師や歯科医師。以下、主治医）の意見を求め、その指示がある場合にかぎり計画に盛り込む。主治医の意見を求めた場合、居宅サービス計画を主治医に交付

● 認定審査会の意見などの反映
被保険者証にサービスの種類の指定や留意事項について記載されている場合は、利用者にその趣旨を説明し、その記載に沿って計画を作成する

● 短期入所サービスの位置づけ
居宅サービス計画に短期入所生活介護や短期入所療養介護を位置づける場合には、原則として利用する日数が要介護認定の有効期間のおおむね半数を超えないように配慮する

● 福祉用具（貸与・販売）の計画への位置づけ
福祉用具貸与・特定福祉用具販売を居宅サービス計画に位置づける場合は、サービス担当者会議を開催し、必要な理由を記載する。福祉用具貸与では、計画作成後も必要に応じて随時、サービス担当者会議で継続の必要性について検証し、継続が必要な場合は、再度その理由を計画に記載する

関連キーワード ●●●●●●●●●●●●●●●●●●●●●●●●●●●●●●●●

● **課題分析票**…様式は自由だが、厚生労働省が示す「課題分析標準項目」の内容を含むものでなくてはならない。23項目あり、健康状態、ADL、IADL、認知機能や判断能力、社会とのかかわり、家族等の状況、居住環境などの項目が含まれる

すっきりnavi

■居宅サービス計画（ケアプラン）作成の流れと業務

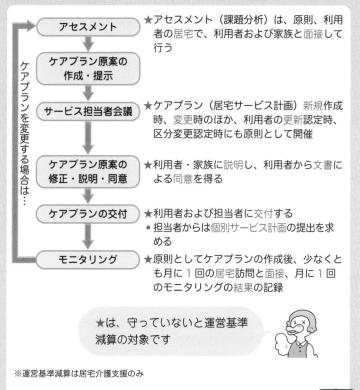

ケアプランを変更する場合は…

アセスメント
★アセスメント（課題分析）は、原則、利用者の居宅で、利用者および家族と面接して行う

ケアプラン原案の作成・提示

サービス担当者会議
★ケアプラン（居宅サービス計画）新規作成時、変更時のほか、利用者の更新認定時、区分変更認定時にも原則として開催

ケアプラン原案の修正・説明・同意
★利用者・家族に説明し、利用者から文書による同意を得る

ケアプランの交付
★利用者および担当者に交付する
• 担当者からは個別サービス計画の提出を求める

モニタリング
★原則としてケアプランの作成後、少なくとも月に1回の居宅訪問と面接、月に1回のモニタリングの結果の記録

★は、守っていないと運営基準減算の対象です

※運営基準減算は居宅介護支援のみ

☑ 理解度チェック

□**1** アセスメントは、利用者が事業所に初回訪問した際に行うとよい。

□**2** 居宅サービス計画には、保険給付対象外のサービスは原則として盛り込まない。

□**3** モニタリングの結果は、少なくとも月に1回は記録しなければならない。

解答

1. ✕ 利用者の居宅訪問が原則／ 2. ✕ 盛り込むよう努める／ 3. ○

30 介護予防ケアマネジメント

介護予防ケアマネジメント

● 予防給付（介護予防支援）と総合事業（第1号介護予防支援事業）において行われる。総合事業では、介護予防ケアマネジメントのプロセスを適宜省略できる

■ 介護予防ケアマネジメントの視点

- 明確な目標設定による目標志向型のケアプランの策定と定期的な評価
- 生活機能の「心身機能」「活動」「参加」に着目し、バランスよく働きかける
- 自己実現への取り組みを支援し、QOLの向上を目指す
- 意欲を高め、自立の可能性を最大限引き出す支援を行う
- 目標の共有と利用者の主体的なサービス利用
- 将来の改善の見込みや起こりうる状態の予測に基づいたアセスメントを行う

🔑 関連キーワード ●●●●●●●●●●●●●●●●●●●●●●●●●●●●●

● **介護予防支援関連様式**…地域支援事業でもほぼ同様の書式が用いられる。①利用者基本情報、②介護予防サービス・支援計画書、③介護予防支援経過記録、④介護予防支援・サービス評価表がある。②は利用者への説明および同意、交付を必要とし、アセスメント結果や目標、目標についての支援のポイントや支援内容などを記載する

☑ 理解度チェック

□**1** 介護予防ケアプランは、目標志向型で策定される。

□**2** アセスメント領域には、健康管理については含まれない。

□**3** 要支援者が更新認定を受けたときには、原則としてサービス担当者会議が開催される。

解答

1. ○／2. × 含まれる／3. ○

すっきりnavi

■ 介護予防支援の留意点

アセスメント	● 利用者の居宅を訪問して面接して行う ● 利用者の生活機能や健康状態、環境などを把握し、4つのアセスメント領域（①運動・移動、②家庭生活を含む日常生活、③社会参加、対人関係・コミュニケーション、④健康管理）ごとに課題を明らかにする 書式　利用者基本情報　介護予防サービス・支援計画書
介護予防ケアプランの作成	● 目標についての支援のポイント、本人のセルフケアやインフォーマルサービスを盛り込む 書式　利用者基本情報　介護予防サービス・支援計画書
サービス担当者会議の開催	担当職員または介護支援専門員が開催。予防給付では、原則として介護予防サービス計画の新規作成時や変更時、更新認定時や変更認定時には、必ず開催（総合事業では必要時）
介護予防サービス計画の交付	原案の内容を利用者・家族に説明し、利用者から文書による同意を得て、最終的に決定、書面を利用者および各サービス担当者に交付する
報告聴取	担当職員または介護支援専門員が各事業者に対して、個別サービス計画の作成を指導し、サービスの提供状況や利用者の状態などに関する報告を少なくとも1か月に1回は聴取（報告聴取）する
モニタリング	● 少なくともサービス提供開始月の翌月から3か月に1回、およびサービスの評価期間が終了する月、利用者の状況に著しい変化があったときには利用者の居宅を訪問して面接する ● 利用者宅を訪問しない月でも、サービス事業所への訪問などにより利用者と面接するように努め、面接ができない場合は、電話連絡などで利用者に確認を行う ● これらのモニタリング結果を少なくとも1か月に1回は記録する 書式　介護予防支援経過記録
評価	介護予防サービス計画に位置づけた期間の終了時に利用者の状態や目標の達成状況について評価し、必要に応じて今後の介護予防サービス計画を見直す 書式　介護予防支援・サービス評価表

介護保険施設

- ●都道府県知事の指定（または許可）を得て、要介護者に入所してもらい、施設サービスを提供する

介護保険施設の人員基準・設備基準

■人員基準（介護保険施設共通）

介護支援専門員	常勤で1人以上、入所者100人またはその端数を増すごとに1人を標準として配置

■居室・療養室・病室の設備基準

	床面積（1人あたり）	定員
介護老人福祉施設	10.65㎡以上	原則個室
介護老人保健施設	8㎡以上	定員4人以下
介護医療院		

☑ 理解度チェック

- □1 介護保険施設には、介護支援専門員が常勤で1人以上配置される。
- □2 介護老人保健施設の療養室の定員は4人以下でなければならない。
- □3 介護保険施設では、身体的拘束等の適正化のための対策を検討する委員会を6か月に1回以上開催しなければならない。

解答

1. ○／ 2. ○／ 3. × 3か月に1回以上開催

介護療養型医療施設は、2024年3月末で廃止になったよ

■ 国の主な運営基準の概要（3施設共通）

● 身体的拘束等の禁止

- 緊急やむを得ない場合を除いて、身体的拘束その他入所者の行動を制限する行為を行ってはならない。行う場合は、その態様、時間、心身の状況、緊急やむを得ない理由を記録する。身体的拘束等の適正化のための対策を検討する委員会の開催（3か月に1回以上）、指針の整備、研修の定期的な実施を行う

● 入退所

- サービスを受ける必要性の高い人の優先的入所
- 入所時に、居宅介護支援事業者への照会などにより、生活歴、病歴、サービスの利用状況などを把握
- 入所中は、在宅での日常生活が可能か定期的に検討
- 退所時に、居宅サービス計画作成援助のための居宅介護支援事業者に対する情報の提供やサービス事業者との連携

● 衛生管理など

- 感染症および食中毒の予防およびまん延の防止のための対策を検討する委員会（感染対策委員会）をおおむね3か月に1回以上開催し、その結果を職員へ周知徹底する。感染症対策の指針を整備し、職員研修・訓練を実施する

● 施設サービス計画の作成

- 介護支援専門員は、面接によるアセスメントの実施、施設サービス計画の作成、サービス担当者会議の開催、モニタリングなどを行う

● 計画担当介護支援専門員の責務

- 利用者の入所時の居宅介護支援事業者への照会など
- 退所への定期的な検討
- 入所者の退所時の居宅介護支援事業者への情報提供など
- 身体的拘束等に関する記録（介護老人福祉施設の場合）、苦情の内容、事故の状況と処置についての記録

身体的拘束等の禁止の規定を守っていない場合は、減算となります

32 施設介護支援

▶関連 31

施設介護支援

- 施設サービス計画は、計画担当介護支援専門員が作成。施設で個別に実施される栄養ケア計画のような個別援助計画の基本計画（マスタープラン）になる

施設介護支援の過程

■施設介護支援の過程

過程	ポイント
アセスメント	計画担当介護支援専門員は、入所者・家族と面接して解決すべき課題を把握
施設サービス計画原案の作成	介護給付等対象サービス以外の地域の住民の自発的な活動によるサービスなども含めて施設サービス計画に位置づけ、総合的な計画となるよう努める
サービス担当者会議	施設サービス計画の原案は、サービス担当者会議の開催、または担当者への照会などにより、専門的な見地から検討する
計画の説明、同意、交付	施設サービス計画原案の内容については入所者または家族に説明し、入所者から文書による同意を得て、作成した施設サービス計画を入所者に交付する
モニタリング	施設サービス計画作成後も計画の実施状況の把握（モニタリング）を行い、必要に応じ変更を行う。モニタリングにおいては、定期的に入所者と面接し、定期的に結果を記録する

☑ 理解度チェック

☐1 施設サービス計画は、介護支援専門員以外の者も作成できる。

☐2 施設サービス計画は、入所者本人ではなく家族に交付する。

☐3 施設では、日課計画表は、必ず作成する必要がある。

解答

1. × 介護支援専門員のみ／2. × 入所者／3. × 週間サービス計画表でもよい

すっきり navi

■ 施設介護支援・居宅介護支援・介護予防支援との書式の比較

過程	施設介護支援	居宅介護支援	介護予防支援
メアセスメント	課題分析標準項目を満たすもの（標準様式なし）		
計画作成	● 施設サービス計画書（1） 支援の方向性を示す。利用者・家族の生活に対する意向、総合的な援助の方針などを記載 ● 施設サービス計画書（2） ニーズに対応する長期目標・短期目標とそれぞれの期間（認定の有効期間も考慮）、援助内容を記載 ● 週間サービス計画表 週単位のサービスと1日の主な日常生活の活動を記載 ● 日課計画表 1日のなかで提供されるサービスを時間経過に沿って記載 週間サービス計画表とどちらかを作成	● 居宅サービス計画書（1） ※左と同じ内容 ● 居宅サービス計画書（2） ※左と同じ内容 ● 週間サービス計画表 ※左と同じ内容 ● サービス利用票 ● サービス利用票別表	● 利用者基本情報 ● 介護予防サービス・支援計画書 この計画書には、アセスメントの内容も含まれる
会議	● サービス担当者会議の要点 会議の内容の要点を記載	● サービス担当者会議の要点	● 介護予防支援経過記録（サービス担当者会議の要点含む）
モニタリング	● 施設介護支援経過 ケアマネジメントの日々の記録	● 居宅介護支援経過 ※左と同じ内容	
評価	――――	――――	● 介護予防支援・サービス評価表

学習スケジュールを立てよう！

　1日は24時間と平等ですが、時間の使い方により、1日の時間の質は違ってきます。有効に時間が使えるように、まずは、学習スケジュールを立ててみましょう。

目標を決める

　試験までの時間を逆算し、この月までに、何をどれくらい学習するか、という目標を決めてみましょう。それをもとに、やるべき項目の分量を把握して、1日ごとの学習時間に割り振っていきます。

　毎日なかなかまとまった時間がとれない人は、すきま時間をいかに活用していくかが合否の分かれ目となります。ライフスタイルにあわせて、上手に時間を活用していきましょう。

試験1か月前

- 具体的なスケジュールを立てる
- 過去問や姉妹書『これだけ！ 一問一答』を繰り返し解き、予想模試などに時間配分を意識してチャレンジ

試験2〜3週間前

- 弱点克服を意識した学習を！
- 苦手科目の重要項目を暗記
- 過去問で間違えた問題の復習
- 本番の準備は前日までに

試験当日

この本も、覚えてきたことの整理や確認に活用してくださいね！

第 2 章

保健医療サービス分野
35 テーマ

高齢者の身体的・精神的な特徴

● 個人差が大きいが、疾患にかかると心身の機能低下が容易に起こりやすい。活動性の低下による生活機能低下も多い

■ 高齢者に起こりやすい症状

症状名・症状		主な原因	状態、留意点など
せん妄		脳の器質的疾患、薬の副作用、重篤な精神疾患	• 薬の副作用によるものが多い • 環境の変化、不安、感覚遮断などでも起こる • 原因や発症誘因を取り除くことで、通常は数週間でおさまる
低栄養		食事摂取量の低下、生理的変化、疾患、社会的要因	• たんぱく質とエネルギーが不足していることが多い • 薬の副作用による食欲不振、味覚障害（亜鉛の欠乏）にも注意
脱水		水分不足、摂食不良、下痢、発熱、高血糖	日頃から飲食量、尿量、体重の低下がないか注意し、こまめな水分補給を心がける
めまい	回転感	内耳の障害	目の前がぐるぐるする。高齢者では良性発作性頭位めまい症によるものが多い
	眼前暗黒感	起立性低血圧、低血糖、徐脈性不整脈	目の前が暗くなり、場合によっては失神
	浮動感	薬の副作用、小脳疾患、パーキンソン病	目の前がふわふわする
フレイル、サルコペニア		加齢や病的老化、低栄養	• フレイル（虚弱）は、高齢になり筋力や活動が低下している状態 • サルコペニアは加齢に伴う骨格筋（筋肉）の減少に加え、筋力の低下または身体能力の低下のいずれかを伴う状態

🔑 関連キーワード ●●●●●●●●●●●●●●●●●●●●●●●●●●●●●●●●

● **フレイル**…健康と要介護状態の中間的な段階で、①体重減少、②歩行速度低下、③筋力低下、④疲労感、⑤身体活動の減少のうち３項目以上あればフレイルとみなされる

すっきりnavi

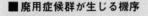

保健医療サービス分野

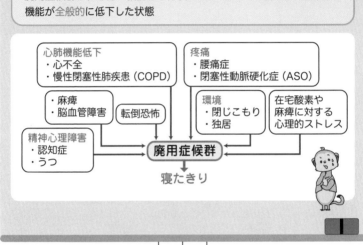

■ **廃用症候群が生じる機序**

廃用症候群は、心身の機能を十分使わないために、身体的・精神的な機能が全般的に低下した状態

心肺機能低下
・心不全
・慢性閉塞性肺疾患（COPD）

疼痛
・腰痛症
・閉塞性動脈硬化症（ASO）

・麻痺
・脳血管障害

転倒恐怖

環境
・閉じこもり
・独居

在宅酸素や麻痺に対する心理的ストレス

精神心理障害
・認知症
・うつ

→ **廃用症候群**

↓

寝たきり

☑ 理解度チェック

☐ **1** 食欲不振が、薬の副作用により引き起こされていることもある。

☐ **2** 良性発作性頭位めまい症では、回転性のめまいが起こる。

☐ **3** 廃用症候群は、疾患の後遺症により引き起こされる病態をいう。

解答 ─────────────────────────

1. ○／ 2. ○／ 3. ✕ 活動性の低下に伴い起こる身体的・精神的機能の全般的低下

79

循環器疾患の特徴

● 高齢者は、循環器疾患の典型的な徴候が現れにくいため、発見や治療の開始が遅れることがある

■高齢者に多い循環器疾患

心筋梗塞	激しく、長引く前胸部の痛みとしめつけ感が典型的。呼吸困難、左肩への放散痛、頸部の鈍痛、意識障害などを生じることもある　対応　一刻も早い医療機関への受診が必要
狭心症	・労作性狭心症…労作時、運動時の心拍数の増加時に発作 ・異型狭心症…労作の有無によらず冠動脈のれん縮（けいれんと収縮）から夜間、未明、睡眠時に発作が起こる いずれも前胸部の圧迫感が特徴 対応　発作時はニトログリセリン製剤が有効
心不全	主な症状は呼吸困難（夜間に急に増悪することがある）、浮腫、食欲低下、尿量低下など 対応　呼吸困難時には、起座位または半座位にすることで症状が改善
高血圧症	遺伝的な素因や加齢、塩分摂取過多などから生じる本態性高血圧症が多い。症状は動悸、頭痛、頭重感、ほてりなど。自覚症状がないことも多い 対応　生活習慣の見直し、薬物治療
閉塞性動脈硬化症	動脈硬化により血管が狭窄または閉塞し、身体の末梢に十分な血液が送られなくなる状態。特に下肢への血流悪化が多くみられ、歩いていると下肢痛を感じ、立ち止まると軽減する間欠性跛行がみられる　対応　内服治療、手術

🔑 関連キーワード ●●●●●●●●●●●●●●●●●●●●●●●●●●●●●●●●●

● **生活習慣病**…食習慣、運動、休養、喫煙、飲酒などの生活習慣が発症・進行に関与する症候群。代表的な生活習慣病に悪性腫瘍（がん）、循環器疾患、糖尿病、骨粗鬆症などがあり、発生要因を踏まえた予防対策が重要である

すっきりnavi

■ 循環器疾患などの生活習慣病の予防

危険因子	なりやすい疾患	予防策
塩分の過剰摂取	高血圧	食生活の改善
多量の飲酒習慣	心疾患	多量の飲酒を控える
喫煙	脂質異常症、高血圧、心疾患、糖尿病の合併症促進、がん（特に胃がんと肺がん）	禁煙
運動不足	肥満、糖尿病、結腸がん、骨粗鬆症	適度な運動

日本人の死因では、がん、心疾患、脳血管障害といった生活習慣病が上位を占めています。予防が大切です！

禁煙をしたり、運動をしたり、健康的な生活習慣が大切なんだね

☑ 理解度チェック

□ 1 心筋梗塞では、激しく、長引く前胸部の痛みのほか、左肩の痛みを訴えることがある。

□ 2 心不全の呼吸困難時には、起座位または半座位をとるとよい。

□ 3 喫煙習慣と高血圧には関連性がみられない。

解答

1. ○ ／ 2. ○ ／ 3. ✕ 喫煙により、脂質異常症、高血圧、心疾患、がんなどのリスクが高まり、糖尿病の合併症が促進する

81

35 脳血管障害（脳卒中）

▶関連 34、36

脳血管障害（脳卒中）

■ 脳血管障害の分類

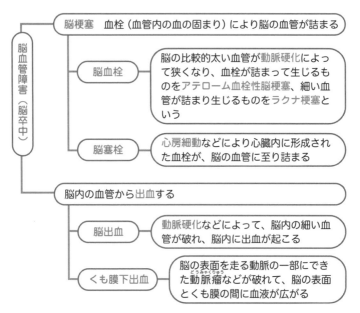

脳血管障害（脳卒中）

- 脳梗塞　血栓（血管内の血の固まり）により脳の血管が詰まる
  - 脳血栓　脳の比較的太い血管が動脈硬化によって狭くなり、血栓が詰まって生じるものをアテローム血栓性脳梗塞、細い血管が詰まり生じるものをラクナ梗塞という
  - 脳塞栓　心房細動などにより心臓内に形成された血栓が、脳の血管に至り詰まる
- 脳内の血管から出血する
  - 脳出血　動脈硬化などによって、脳内の細い血管が破れ、脳内に出血が起こる
  - くも膜下出血　脳の表面を走る動脈の一部にできた動脈瘤などが破れて、脳の表面とくも膜の間に血液が広がる

🔑 関連キーワード ●●●●●●●●●●●●●●●●●●●●●●●●●●●●●●

- **心房細動**…心房全体が不規則に小刻みにふるえる不整脈。心臓（特に左心房）に血栓が生じやすく、脳塞栓の原因になりやすい
- **硬膜下血腫**…転倒による頭部外傷などが原因で、硬膜とくも膜との間に血腫ができ、脳を圧迫する。慢性硬膜下血腫では受傷後約1〜3か月で症状が現れる。脳血管障害の一種

すっきりnavi

■ 脳血管障害の症状・治療・予後・留意点

症状	• 運動麻痺、感覚障害、運動障害、呼吸中枢の障害、高次脳機能障害などの脳の局所症状、頭痛、嘔吐、意識障害などの頭蓋内圧亢進症状 • 高次脳機能障害では、失語、失行、失認、注意障害などの症状が現れる
治療	• 脳血栓、脳塞栓では、発症から4.5時間以内であれば、tPA療法（血栓溶解療法）が有効 • くも膜下出血では動脈瘤手術、脳出血では状態に応じて血腫除去手術など
予後・留意点	• 再発しやすいため再発予防のための生活習慣病（高血圧、糖尿病、脂質異常症、肥満など）の予防やコントロール • 食事の見直し、適度な運動、禁煙、飲酒量の調節、血圧管理、服薬管理 • リハビリテーションや装具療法でADLの向上 • 後遺症により、身体障害者手帳、障害年金、重度心身障害者医療費助成制度が利用可能

保健医療サービス分野

血栓の予防薬には、出血しやすくなる
副作用もあるので注意が必要だよ！

☑ 理解度チェック

□**1** アテローム血栓性脳梗塞は、脳の細い血管が詰まり生じるものをいう。

□**2** 脳血管障害は再発しやすく、血圧管理と服薬管理が重要である。

□**3** 心房細動は、脳塞栓の原因になりやすい。

解答

1. × 比較的太い血管が詰まり生じる／2. ○／3. ○

36 神経疾患

▶関連 35

パーキンソン病関連疾患

- パーキンソン病の四大運動症状は、①振戦（身体のふるえ）、②筋固縮（筋の硬さ、歯車現象）、③無動（動作の遅さ、仮面様顔貌）、④姿勢・歩行障害（小刻み歩行、転倒）
- 進行するとうつ状態や認知症などの精神症状や自律神経症状が出現

■ パーキンソン病の原因・対応

原因	対応
脳の黒質の神経細胞が変性・消失して、ドパミンという神経伝達物質が減少	・L-ドパなどの薬物療法が中心。ただしL-ドパは、長期間使用すると、不随意運動や精神症状の副作用が生じやすい ・全経過を通じてリハビリテーションを行う

- 進行性核上性麻痺、大脳皮質基底核変性症は、早期から前頭葉症状を中心とした認知機能低下が現れやすい
- 進行すると嚥下障害が現れ、誤嚥性肺炎も合併しやすい

■ 進行性核上性麻痺と大脳皮質基底核変性症の特徴

進行性核上性麻痺	大脳皮質基底核変性症
・筋固縮は体幹に強く出る ・初期から転倒しやすい ・眼球運動障害がある	・症状に左右差がある ・進行性の非対称性失行

その他の主な神経疾患

■ 神経疾患と症状

筋萎縮性側索硬化症（ALS）	・徐々に全身の骨格筋が萎縮。数年で四肢麻痺、摂食障害、呼吸麻痺により自立困難となる ・眼球運動、肛門括約筋、知覚神経、知能や意識は末期までよく保たれる ・進行にあわせて胃ろう造設や人工呼吸器の使用が必要
脊髄小脳変性症	ろれつが回らない、上肢運動の拙劣、動作時のふるえ、歩行がふらつくなどの運動失調が起こる

すっきりnavi

脳は、大脳（大脳皮質・大脳辺縁系・大脳基底核）・間脳・小脳・脳幹（中脳・橋・延髄）に分けることができる

■ 大脳皮質の4つの部位（右大脳半球の側面図）

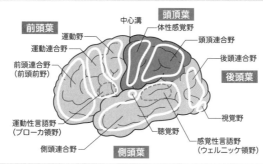

頭頂葉
前頭葉
中心溝
体性感覚野
運動野
頭頂連合野
運動連合野
後頭連合野
前頭連合野
（前頭前野）
後頭葉
視覚野
運動性言語野
（ブローカ領野）
聴覚野
感覚性言語野
（ウェルニッケ領野）
側頭連合野
側頭葉

■ 大脳の働き

部位	機能
前頭葉	精神活動
	運動性言語中枢
	運動中枢
側頭葉	聴覚中枢
頭頂葉	感覚認知中枢
後頭葉	視覚中枢
	眼球運動

■ 脳の構造（側面図）

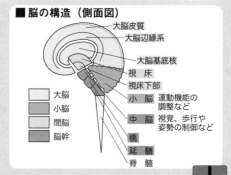

大脳皮質
大脳辺縁系
大脳基底核
視床
視床下部
小脳　運動機能の調整など
中脳　視覚、歩行や姿勢の制御など
橋
延髄
脊髄

大脳
小脳
間脳
脳幹

☑ 理解度チェック

□ 1　パーキンソン病は、進行するとうつ状態や認知症などの精神症状が出現する。

□ 2　進行性核上性麻痺では、筋固縮は体幹に強く出る。

□ 3　筋萎縮性側索硬化症では、早期から眼球運動に障害が生じる。

解答

1. ○／ 2. ○／ 3. ✕ 眼球運動、肛門括約筋、知覚神経、知能や意識は末期まで保たれる

37 呼吸器の疾患

▶関連 41

慢性閉塞性肺疾患（COPD）

● 通常、慢性気管支炎と肺気腫（はいきしゅ）を総称していう
● 共通する主な症状は、咳（せき）、痰（たん）、息切れ、呼吸困難（特に労作時（ろうさ）、運動時）。喘鳴（ぜんめい）や喘息（ぜんそく）を合併することもある
● 全身の炎症、骨格筋の機能障害、栄養障害、骨粗鬆症（こつそしょうしょう）などの併存症を伴う全身性の疾患
● 喫煙が最大の発症要因であり、禁煙が治療の基本。あわせて薬物療法、呼吸リハビリテーション（口すぼめ呼吸など）を行う
● 感染予防（肺炎球菌ワクチン、インフルエンザワクチンの接種、口腔ケアなど）、栄養指導、食事指導も重要
● 自覚症状が乏しいため、早期受診・早期治療が重要

肺炎

● 主に細菌やウイルスで起こる
● 誤嚥性肺炎（ごえん）は、飲食物の一部が気道に入り（誤嚥）、肺に入って、感染を起こしたり、口腔内や咽頭の病原菌を含む分泌物を繰り返し吸引し続けることにより起こる。高齢者に多い

肺結核・急性上気道炎・急性気管支炎・喘息

● 高齢者の肺結核は、以前感染した結核菌が体内に残り、加齢や免疫力の低下をきっかけにして、再燃して発症することが多い
● 急性上気道炎の大半はウイルス感染で、抗菌薬は一般的には不要
● 急性気管支炎はウイルス感染が多いが、引き続き二次性の細菌感染が起こる場合がある。咳や痰を伴う
● 喘息では、喘鳴を伴い息苦しくなる。日頃から気管支拡張薬やステロイド薬の吸入の治療を行う

🔑 **関連キーワード** ●●●●●●●●●●●●●●●●●●●●●●●●●●●●●●●●

● **肺炎球菌**…肺炎は、肺炎球菌の感染によるものが多く、特に**慢性閉塞性肺疾患患者**や**高齢者**は感染により重症化しやすいため、予防接種が重要。2014（平成26）年10月から、高齢者への肺炎球菌ワクチン接種は、予防接種法に基づく定期予防接種となった（接種機会は1回のみ）。再接種は5年以上の間隔を空けて行う

すっきりnavi

■ **高齢者の慢性閉塞性肺疾患、肺炎の特徴**

慢性閉塞性肺疾患	肺炎
• 気道感染、肺炎、右心不全などを契機に急激に呼吸不全を起こすことがある	• 典型的な肺炎の症状（高熱）がはっきり出ないことが多い • 食欲不振、倦怠感など非特異的な初発症状が多い • せん妄、傾眠傾向など精神・神経症状が目立つ • 意識障害やショックなど、症状の急変がみられる • 呼吸数の増加、呼吸パターンの変化、頻脈がみられる

☑ **理解度チェック**

☐ **1** 慢性閉塞性肺疾患の治療では、禁煙指導は重要である。

☐ **2** 慢性閉塞性肺疾患患者には、インフルエンザワクチンの接種は禁忌である。

☐ **3** 高齢者の肺炎では、食欲不振などの非特異的な初発症状を示すことがある。

解答

1. ○／2. ✕ 感染予防のため、ワクチン接種は重要／3. ○

38 糖尿病・がん・肝炎

▶関連 34

糖尿病

● 糖尿病の罹患年数が長く、血糖コントロールが悪いと、しばしば合併症が現れる

■症状・治療など

症状	口の渇き、多飲、多尿（高齢者では症状がはっきり出ないことも）
合併症	細小血管症	三大合併症…神経障害（神経症）、網膜症、腎症
	大血管症	狭心症、心筋梗塞、脳梗塞
治療	食事療法、運動療法を行い、これらで血糖コントロールが不良な場合に薬物療法（血糖降下薬、インスリン注射）
副作用	薬物治療中の低血糖症状

がん（悪性腫瘍）

● 胃がんは減少傾向で、肺がん、大腸がんは増加傾向
● 治療には手術療法、化学療法、放射線療法があり、がんの進行度や身体機能、本人の希望などにより治療方法を選択する
● 発症には、喫煙などの生活習慣、ウイルスが関与している

肝炎と肝硬変

■疾患の特徴

急性肝炎	全身の倦怠感、食欲不振、腹痛が主な症状
慢性肝炎	肝臓の機能が保たれていれば無症状、肝炎が持続すると肝硬変に移行
肝硬変	進行すると肝不全に移行し、食欲不振、全身倦怠感、黄疸、浮腫（むくみ）、腹水、また出血が止まりにくくなる。さらに代謝能力が低下すると肝性脳症となり、意識障害が起こる

♦ 関連キーワード ●●●●●●●●●●●●●●●●●●●●●●●●●●●●●

● **低血糖**…血糖降下薬やインスリンの過剰により血糖が下がりすぎる ことにより、冷や汗、動悸、手のふるえなどの自律神経症状が起こ る。高齢者の場合は、症状が非特異的で、認知機能の低下などもみ られ、神経疾患と間違われることがあり注意を要する

すっきりnavi

■ がんの原因となる細菌・ウイルス

疾患	細菌・ウイルス
胃がん ※胃潰瘍も同様	ピロリ菌
肝臓がん	B型肝炎ウイルス、C型肝炎ウイルス
子宮頸がん	ヒト・パピローマ・ウイルス
成人T細胞性白血病	ヒトT細胞性白血病ウイルス

> 細菌やウイルス以外に、特定の化学物質（石綿、コークス、クロム酸塩）、 紫外線、放射線暴露、医薬品の副作用も発がんリスクとなっている

> がんは、喫煙などの生活習慣も発症誘因と考 えられているよ。P81 も確認しよう

☑ 理解度チェック

□ **1** 糖尿病の罹患年数が長いと、合併症にかかりやすい。

□ **2** 肝臓がんの発症にウイルスは関与していない。

□ **3** 特定の化学物質も発がんリスクとなっている。

解答

1. ○／ 2. ✕ B型肝炎ウイルス、C型肝炎ウイルスが関与している／ 3. ○

39 筋・骨格系の疾患

▶関連 33

関節リウマチ

■ 症状

原因	原因不明の全身の免疫異常
症状・特徴	・初期には起床時の指の関節のこわばり、関節の痛み、腫れ、熱感など。進行すると関節の変形・拘縮が起こり、微熱、食欲不振、貧血、体重減少、易疲労感などの全身症状が現れる ・日内変動（昼間は動きやすく、朝と夕方には動きにくい） ・雨の日や寒い日には痛みが強くなる
治療・対応	・薬物療法、リハビリテーション、手術療法など ・自助具や福祉機器も活用する

骨粗鬆症

■ 症状

原因	・加齢、女性ホルモンの低下（特に閉経）、運動不足、カルシウム不足、日光浴不足 ・ホルモン異常、低栄養、ステロイド薬の長期服用などで二次的に起こる場合もある
症状・特徴	骨密度が減少し、もろくなる
治療・対応	・カルシウム摂取と適度な運動、日光浴を心がけ、予防する ・薬物療法（骨形成を助ける薬、骨吸収を抑える薬）

変形性膝関節症

■ 症状

原因	関節の軟骨がすり減り、周辺組織が変性して起こる。肥満や膝の外傷、手術歴が発症リスクとなる
症状・特徴	関節の痛みは膝を深く曲げたときや長時間の歩行で出やすく、腫れ、水腫（水がたまる）、進行すると膝の屈伸がしにくくなる
治療・対応	・鎮痛薬、ステロイドやヒアルロン酸の注射で痛み軽減 ・水中運動、ストレッチで筋力強化 ・特に大腿四頭筋を鍛えることが大切で、予防にも有効

🔑関連キーワード ●●●●●●●●●●●●●●●●●●●●●●●●●●●●●●

● **ヒップ・プロテクター**…転倒時に股関節を保護して衝撃を緩和する
ため、プロテクターが下着の大転子の位置に組み込まれている

すっきりnavi

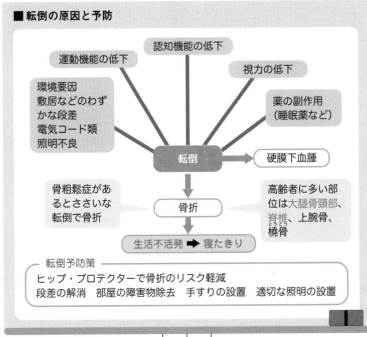

■ **転倒の原因と予防**

認知機能の低下

運動機能の低下

視力の低下

環境要因
敷居などのわず
かな段差
電気コード類
照明不良

薬の副作用
（睡眠薬など）

転倒 ➡ 硬膜下血腫

骨粗鬆症があ
るとささいな
転倒で骨折

骨折

高齢者に多い部
位は大腿骨頸部、
脊椎、上腕骨、
橈骨

生活不活発 ➡ 寝たきり

転倒予防策
ヒップ・プロテクターで骨折のリスク軽減
段差の解消　部屋の障害物除去　手すりの設置　適切な照明の設置

☑ 理解度チェック

□ **1** 関節リウマチの症状は関節変形など局所的な症状に限定される。

□ **2** 骨粗鬆症の発症には、女性ホルモンの低下も関与している。

□ **3** 変形性膝関節症の予防や改善では、特に大腿四頭筋を鍛えるようにする。

解答

1. ✕ 微熱、食欲不振、貧血などの全身症状も現れる／ 2. ○／ 3. ○

目・皮膚の疾患

▶関連 41

皮膚疾患

■ 目の疾患の症状・特徴

白内障	・水晶体が白く濁って視力が低下する ・初期症状は羞明（過剰なまぶしさ）、夜間の視力低下、近見障害、進行すると単眼複視、高度の視力低下で失明することもある ・手術治療で回復が望める
緑内障	・眼圧は正常でも視神経が障害されて生じる正常眼圧緑内障があり、日本人に多い ・主な症状は暗点、視野欠損、視野狭窄 ・急激に眼圧が上昇すると、眼痛、頭痛、嘔吐などの急性緑内障発作を起こすことがある ・レーザー治療、手術療法が行われるが、失われた視力・視野障害は回復しない。日本では失明の原因として最も多い
加齢黄斑変性症	・網膜の黄斑に障害が生じる。失明の原因となる ・初期の症状は、視野中心部がゆがむ変視症、進行すると中心部が黒くなる中心暗点、視力の低下 ・萎縮型には有効な治療法はない。日本人に多い滲出型は、初期なら光線力学療法などで改善することが多い

■ 皮膚疾患の症状・特徴

薬疹	・薬剤へのアレルギーによる発疹をいう ・使用期間にかかわらず発症する可能性があるが、薬剤使用後1～2週間で全身性の発疹が現れることが多い ・症状が現れたら早期に医師に相談し、原因薬剤を特定し、使用を中止する
皮脂欠乏症	乾燥した冬などに、下腿や背部の皮膚表面の皮脂が欠乏し、乾燥してかゆみの症状が現れる
湿疹	皮膚表面の炎症性反応の総称。通常は赤みのある発疹とかゆみが生じる
皮膚掻痒症	皮膚疾患などさまざまな原因で起こるかゆみ。多くは冬季に発症する。皮膚に著しい発疹がないのにかゆみを訴える場合は、肝臓、腎臓などの疾患を疑う

すっきりnavi

■ 皮膚疾患の感染源と症状・対応・治療

疾患	感染源	症状・対応・治療
疥癬 （かいせん）	ヒゼンダニ	• 症状は激しいかゆみ、赤いぼつぼつとした発疹、手や手首にできる疥癬トンネルと呼ばれる細長い発疹など • ダニの数がきわめて多いノルウェー疥癬（角化型疥癬）では、個室管理が必要。症状に応じて外用薬による治療や内服治療
白癬	白癬菌	外用薬による治療が基本。重症の場合や爪白癬では内服治療を行う
カンジダ症	カンジダ菌	外用薬による治療、重症の場合は内服治療
帯状疱疹 （たいじょうほうしん）	水痘・帯状疱疹ウイルス （すいとう）	• 主に身体の右または左半身に、痛みを伴う小さな水ぶくれ（水疱）ができる。重症化すると、帯状疱疹後神経痛などの後遺症が残ることがある • 重症では入院治療、抗ウイルス剤や外用処置、疼痛治療を行う

保健医療サービス分野

水痘・帯状疱疹ウイルスは、子どものころかかった水ぼうそうと同じウイルスです。身体のなかに潜んでいて、免疫力が低下すると再び活性化して帯状疱疹を起こすのです

☑ 理解度チェック

☐ **1** 緑内障の主な症状は羞明である。

☐ **2** ノルウェー疥癬と通常の疥癬では、感染源が異なる。

☐ **3** 薬疹では、薬の服用直後に急激に発疹が現れる。

解答

1. ✕ 羞明は白内障の初期症状のひとつ／2. ✕ 感染源は同じヒゼンダニだがダニの数が異なる／3. ✕ 1〜2週間で現れることが多い

41 感染症

感染症の予防の基本

- 標準予防策（スタンダード・プリコーション）を実施する
- 施設職員は予防接種を受け、定期的に健康診断をする
- 高齢者に推奨されるのは、インフルエンザワクチンと肺炎球菌ワクチン（→P87）の予防接種

■ 標準予防策の基本

手指衛生	流水と石けんによる手洗いを行い、消毒（アルコール製剤など）を実施する ・手のひら、指先、指の間、親指、手首まで実施 ・手袋をはずしたあとも行う
うがい	口やのどに吸い込んだ病原体を洗い流す
個人防護具	血液、体液、分泌物、排泄物などを扱う場合には、使い捨ての手袋やマスク、必要に応じてゴーグル、ガウン、エプロンなどを着用
咳エチケット	咳やくしゃみなどの症状がある人はマスク着用

■ 感染経路と主な感染症・予防策

経路	接触感染	飛沫感染	空気感染	血液感染
主な感染症	ノロウイルス感染症、腸管出血性大腸菌感染症、疥癬	新型コロナウイルス感染症、インフルエンザ、流行性耳下腺炎、風疹	結核、麻疹（はしか）、水痘（帯状疱疹）	B型肝炎、C型肝炎、HIV感染症
対策	手指衛生、個人防護具の着用	使い捨てマスク着用	免疫をもつ人が介護・看護、個室管理	注射針による感染に注意

🔑 関連キーワード ●●●●●●●●●●●●●●●●●●●●●●●

- **標準予防策（スタンダード・プリコーション）**…あらゆる人の血液、体液、分泌物、排泄物、創傷のある皮膚、粘膜には感染性があると考え、すべての人に対して行われる感染予防策

すっきりnavi

■疾患と原因・対応

疾患	原因菌・ウイルス	対応
肺結核	結核菌	診断は胸部X線像で感染診断にはツベルクリン反応、連続喀痰採取。治療は原則的に指定医療機関に入院し、化学療法
敗血症	さまざまな細菌	血液培養による確定診断で抗生物質投与
MRSA感染症	MRSA（メチシリン耐性黄色ブドウ球菌）	MRSAは抗生物質に強い耐性のある常在菌。介護施設に保菌者がいる場合は、標準予防策を遵守する
インフルエンザ	インフルエンザウイルス	予防にはワクチン接種が有効
ノロウイルス感染症	ノロウイルス	便や吐物から大量のウイルスが排出されるため、二次感染（接触感染・飛沫感染）に注意する。処理する際には使い捨てのガウン、マスク、手袋を着用し、処理後、次亜塩素酸ナトリウムで拭き取る

このほかにも、細菌やウイルスが原因となる疾患は多いです。原因を踏まえた予防や対応が必要となります

☑ 理解度チェック

□1 標準予防策は、あらゆる人の血液、体液、排泄物等には感染性があると考え、すべての人を対象とする。

□2 インフルエンザウイルスは、主に空気感染する。

□3 ノロウイルス感染症は便や吐物に大量のウイルスが排出される。

解答

1. ○／2. ✕ 主に飛沫感染する／3. ○

42 検査値

▶関連 **43**

疾患と主な検査項目

- BMIが25以上は肥満、18.5未満は低体重と判定される
- 腹囲はメタボリックシンドロームの診断に使われる
- 高齢になると見かけ上の身長が低下するため、BMIは本来より大きめの値となる
- 低栄養は、血清アルブミン値が最もよい指標。急激な体重減少、上腕周囲長や下腿周囲長（特に寝たきりなどの場合）も指標となる
- 糖尿病は、空腹時血糖、75g経口糖負荷試験、ヘモグロビンA1c（HbA1c）で診断される
- 不整脈、心筋梗塞、狭心症などの心疾患は、心電図検査、胸部X線検査で診断される
- 呼吸器疾患は胸部X線検査で診断される
- 脳血管障害、頭部外傷は頭部CT検査で診断される
- 尿路感染症は尿検査で診断される
- 脱水の診断では、尿素窒素（BUN）と血清クレアチニン（Cr）値の比率が指標として重要

関連キーワード ●●●●●●●●●●●●●●●●●●●●●●●●●●●●●●●●

- **血清クレアチニン（Cr）**…たんぱく質が筋肉で分解されてできる老廃物で、腎臓からのみ排泄され、腎機能の指標となる
- **尿素窒素（BUN）**…腎臓から排泄されるたんぱく質の老廃物で、腎機能の鋭敏な指標となる
- **ホルター心電図**…小型軽量の装置を身につけ、普段の日常生活における24時間の心電図を測定するもので、入院したり、測定中に安静にしている必要はない
- **ヘモグロビンA1c（HbA1c）**…赤血球のヘモグロビンが何%糖と結合しているかをみる。糖化ヘモグロビンともいう。測定日以前の1～2か月間の平均的な血糖状態を知るのに適している

すっきりnavi

■検査値の変化と考えられる原因（疾患）

↑上昇 ↓低下

検査項目		異常値のときの指標
総たんぱく		↑高たんぱく…感染症、脱水、自己免疫疾患などの疑い ↓低たんぱく…低栄養、吸収障害
血清アルブミン		↓低栄養、浮腫
血清脂質	LDLコレステロール	↑動脈硬化
	中性脂肪	↑糖尿病、ネフローゼ
	HDLコレステロール	↓虚血性心疾患（下限値が問題）
腎機能	血清クレアチニン(Cr)	↑腎機能低下
	尿素窒素（BUN）	↑腎機能低下、脱水、高たんぱく食
肝機能	AST（GOT）	↑肝・胆道疾患、心筋梗塞、筋疾患、溶血性疾患
	ALT（GPT）	↑肝・胆道疾患
	γ-GTP値	↑アルコール性肝炎、脂肪肝
血液一般	赤血球数	↓貧血、悪性腫瘍、慢性感染症
	白血球数	↑白血病、細菌感染、炎症 ↓ウイルス感染、再生不良性貧血
	血小板数	↑炎症 ↓血小板減少症、薬剤の副作用、肝硬変
	C反応性たんぱく質 （CRP）	↑炎症、感染症、がん、膠原病、心筋梗塞、組織崩壊

保健医療サービス分野

☑ 理解度チェック

□1 尿素窒素の減少は、腎機能低下の指標となる。

□2 ASTの上昇は、心筋梗塞の指標となる。

□3 CRPは、炎症を反映する。

解答

1. ✕ 上昇した場合に腎機能低下／ 2. ○／ 3. ○

43 バイタルサイン

▶関連 42、56

バイタルサイン

- 主に体温、脈拍、血圧、意識レベル、呼吸を指す
- 体温には日内変動がある
- 脈拍は、100以上を頻脈、60未満を徐脈という。通常、橈骨動脈で測定する。血圧が低く拍動に触れない場合は、頸動脈や股動脈でも測定する
- 大動脈疾患、片麻痺、進行した動脈硬化がある場合は、血圧に左右差がみられるため、左右の上腕で血圧測定を行う
- 意識レベルは、重症度、緊急性の判定において重要

バイタルサインと高齢者の特徴

- 基礎代謝が低下するため、体温は低くなる傾向にある
- 感染症があっても発熱がみられないこともあり、発熱の程度と重症度は必ずしも一致しない。原因がわからない不明熱が多いのも特徴
- 高齢になると、一般に脈拍数は少なくなる
- 血圧は、高齢者は動脈硬化により高くなりやすく、特に収縮期血圧（最高血圧）が高くなる
- 起立性低血圧が起こりやすい
- 高齢者の場合、1回換気量（1回の呼吸による空気量）は一般成人と変わらないが、肺活量は低下傾向で、残気量は増加する

🔑 関連キーワード ●●●●●●●●●●●●●●●●●●●●●●●●●●●●●●●

- **起立性低血圧**…立ち上がったときに血圧が過度に低下するもので、脳への血流が減少するため、めまいやふらつき、失神が起こる。高齢者では薬の副作用によっても起こりやすく、転倒、骨折の原因ともなる
- **ジャパン・コーマ・スケール**…意識レベルの覚醒度によって3段階に分かれ、それぞれ3段階の評価があるため3−3−9度方式とも呼ばれる。数値が大きいほど意識レベルが低いことを示す（→P125）

すっきりnavi

■ バイタルサインの変化と考えられる原因（疾患）

<table>
<tr><td rowspan="2">体温</td><td>発熱</td><td>感染症、脱水、膠原病</td></tr>
<tr><td>低体温</td><td>低温の環境、低栄養、甲状腺機能低下症、薬剤などによる体温調節機能不全など</td></tr>
<tr><td rowspan="3">脈拍</td><td>頻脈（脈拍が多い）</td><td>感染症、甲状腺機能亢進症、うっ血性心不全、脱水</td></tr>
<tr><td>徐脈（脈拍が少ない）</td><td>脳出血による頭蓋内圧亢進に伴う迷走神経刺激、ジギタリス製剤などの薬剤の副作用、甲状腺機能低下症、洞不全症候群など心臓の刺激伝達系の異常</td></tr>
<tr><td>不整脈（脈拍リズムの乱れ）</td><td>健康な人でもみられ、通常は問題ないが、頻度が高い場合、心臓拍動の異常を疑う。正確な判断には心電図を用いる</td></tr>
<tr><td rowspan="4">呼吸</td><td>頻呼吸</td><td>発熱、心不全、呼吸器疾患</td></tr>
<tr><td>徐呼吸</td><td>糖尿病性ケトアシドーシス、脳卒中による昏睡</td></tr>
<tr><td>起座呼吸</td><td>左心不全、気管支喘息、肺炎、気管支炎</td></tr>
<tr><td>チェーンストークス呼吸</td><td>脳血管障害、心不全などの重症疾患</td></tr>
</table>

保健医療サービス分野

バイタルサインは基本として
おさえておいてね！

☑ 理解度チェック

□ **1** 高齢者では、感染症があっても発熱がみられないことがある。

□ **2** 高齢者では、肺活量は低下傾向である。

□ **3** 健康な人では、不整脈はみられない。

解答

1. ○／ 2. ○／ 3. ✕ みられることがある

44 誤嚥防止と介護

▶関連 45、54

食事介護の方針

- 嚥下の際に、食物が気道に誤って入ってしまうことを誤嚥（ごえん）という
- 嚥下困難があっても、可能なかぎり口から食べられるようにくふうする

摂食・嚥下障害と全身への影響

- 摂食・嚥下の流れは、①先行期（認知期）、②準備期、③口腔期、④咽頭期、⑤食道期の5つの過程からなる
- 摂食・嚥下は、中枢神経と末梢神経によりコントロールされている
- 誤嚥は、嚥下前（口腔期）、嚥下中（咽頭期）、嚥下後（食道期）のいずれでも起こることがある
- 気道の感覚が低下していると、誤嚥してもむせが生じない（不顕性（ふけんせい）誤嚥）ことがある

食事の介護のアセスメント

- アセスメントでは、①身体機能、②精神機能、③嗜好・嗜癖・習慣・食生活状況、④食に関する意欲、⑤食に関する知識・技術などの利用者の状態、家族介護者の状態や食に関連する手段などについて、多職種と連携して情報を収集する

誤嚥を防止する介助

- 飲み込みやすい食品や食形態のもの（液体よりもとろみのある形態や半固形状のものなど）を用意する
- 姿勢は、可能なかぎり座位にし、頭と身体をわずかに前傾させる
- 口に入れる1回量は、ティースプーンで1杯程度とする
- 飲み込んだあとは、食物の残りがないか、口の中をチェックする

🔑 関連キーワード ●●●●●●●●●●●●●●●●●●●●●●●●●●●●

●**脱水**…食事にも多くの水分が含まれ、特に体内の水分量の少ない高齢者では、食事摂取量の低下が脱水につながることがある。日中の水分摂取量を把握し、こまめに水分をとれるようくふうをする

すっきりnavi

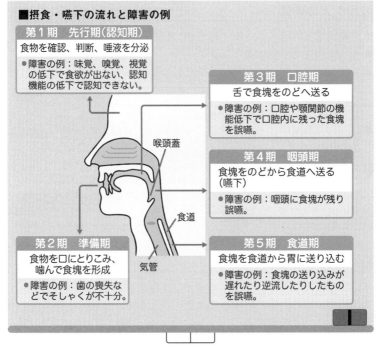

■摂食・嚥下の流れと障害の例

第1期　先行期（認知期）
食物を確認、判断、唾液を分泌
●障害の例：味覚、嗅覚、視覚の低下で食欲が出ない、認知機能の低下で認知できない。

第3期　口腔期
舌で食塊をのどへ送る
●障害の例：口腔や顎関節の機能低下で口腔内に残った食塊を誤嚥。

第4期　咽頭期
食塊をのどから食道へ送る（嚥下）
●障害の例：咽頭に食塊が残り誤嚥。

第2期　準備期
食物を口にとりこみ、噛んで食塊を形成
●障害の例：歯の喪失などでそしゃくが不十分。

第5期　食道期
食塊を食道から胃に送り込む
●障害の例：食塊の送り込みが遅れたり逆流したりしたものを誤嚥。

喉頭蓋
食道
気管

☑ 理解度チェック

□**1** 摂食・嚥下には、神経の働きは関与しない。

□**2** 摂食・嚥下の準備期の障害として、歯の喪失などでそしゃくが不十分なことがあげられる。

□**3** 嚥下困難がある場合は、液体よりもとろみのある形態のほうが誤嚥しにくい。

解答

1. ✕ 中枢神経と末梢神経がかかわる／2. ○／3. ○

45 口腔ケア

▶関連 44、54

口腔の機能

- 口腔にはそしゃく、嚥下（えんげ）、味覚、発音・発声、呼吸の機能がある

口腔ケアの効果

- 食物残渣（ざんさ）を除去し、う歯・歯周病、粘膜疾患や口臭を予防する
- 誤嚥性肺炎を予防する
- 口腔と口腔周囲を動かし、嚥下反射を促すことで、オーラルフレイル（軽微な口の機能低下である口腔のフレイル）を予防し、口腔機能を維持・向上させる
- 口腔内を清潔に保ち、刺激により唾液の分泌を促すことで、味覚を正常に保つ

■ 唾液の働き

> 口腔の清掃、創傷の治癒（ちゆ）、義歯装着時の安定、口腔諸組織の保護作用、味覚誘起、そしゃく・嚥下・発音の補助など

口腔ケアの方法

- 口腔ケアのケアプラン立案では、口腔の感染予防、口腔のリハビリテーションによる口腔機能の維持・向上を含めた支援を多職種連携で行うことを念頭におく
- 取りはずしできる義歯は、はずしてから口腔ケアを行う
- 取りはずしできる義歯は、夜間は取りはずし、研磨剤の入っていない義歯専用の歯磨き剤を使い、歯ブラシにより流水下でていねいに磨く
- 口腔ケアは基本的に毎食後に行う

🔑 <ruby>関<rt></rt></ruby> <ruby>連<rt></rt></ruby> キーワード ●●●●●●●●●●●●●●●●●●●●●●●●●●●●●●●●●●

● **口腔機能と全身への影響**…しっかりと上下の歯の噛み合わせができることは、そしゃく機能や嚥下機能、平衡感覚の保持、瞬発力の発揮に大きな役割を果たす

すっきりnavi

■ 口腔ケアの具体的な方法

機械的清掃法	
歯ブラシ	歯垢の除去効果が最も高い
歯間ブラシ	歯ブラシの毛先が届きにくい歯間部を効率的に清掃できる
デンタルフロス	歯間部の小さいすき間や歯と歯の間に食物が挟まった場合に使用する
舌ブラシ	舌苔を除去する
スポンジブラシ	主に口腔粘膜のケアに用いる
ガーゼ・綿棒	口が開かないなど歯ブラシが使えない場合に使用する

化学的清掃法
洗口剤・含嗽剤（がんそう）
口臭の除去効果が期待できる 機械的清掃法の補助として使用する 消毒・殺菌作用のあるものとないものがある

しっかりと自分の口で食べられるということは、全身の健康維持のためにも、とても大切なんだね！

☑ 理解度チェック

□ **1** 口腔ケアにより、唾液分泌を促すことができる。

□ **2** 義歯は、取りはずしできるかにかかわりなく、つけたままで口腔ケアを行う。

□ **3** しっかりと上下の歯の噛み合わせができることは、瞬発力の発揮につながる。

解答

1. ○／2. ✕ 取りはずしできる義歯は、はずして口腔ケアを行う／3. ○

46 尿失禁と排泄介護

▶関連 54

排泄介護の方針

● 高齢者の自尊心に配慮し、排泄の自立に向けた援助を行う

排泄介護のアセスメント

● 排尿・排便の時刻、量、失禁の有無などについて記録し、排泄の状態を正確に把握する

● 利用者の自立度や排泄障害の状況に応じて排泄場所・排泄用具の選択と介助を行う

● 排尿・排便コントロールでは、食事内容や排泄間隔、日中の活動状況など生活内容との関係で考え、排泄リズムを整えることが大切

● 高齢者は、緩下剤の利用が、便失禁に拍車をかけていることもある

■尿失禁の種類と支援　　※高齢者に多いのは切迫性、溢流性、機能性

切迫性	膀胱括約筋の弛緩、脳血管障害の後遺症。予防・治療には膀胱訓練が有効
溢流性	尿が膀胱内に多量にたまり、漏れ出すもの。前立腺肥大などが原因
機能性	身体機能の低下や認知症などのために、トイレに間に合わない、適切な排尿動作ができない。夜間はポータブルトイレを使用するなど排泄用具の検討が必要
反射性	脊髄の病気。本人の意思とかかわりなく失禁がある
腹圧性	骨盤底筋の機能低下により、咳、くしゃみなどのちょっとした腹圧の上昇で失禁。尿道の短い女性に多い。予防・治療には骨盤底筋訓練が有効

下痢

● 高齢者には、歯の欠損によりそしゃくが不十分になることや、たんぱく質と特に脂肪の不消化による消化性の下痢がよくみられる

● 下痢の対策…①消化吸収のよい食事と脂肪の制限、②高栄養でバランスのとれた食事、③水分の十分な補給

すっきりnavi

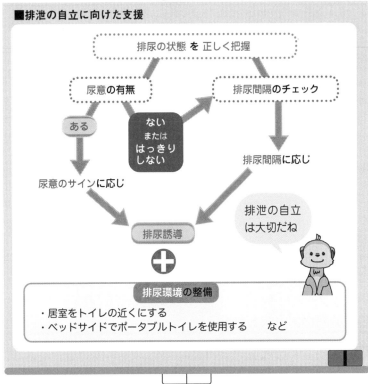

■排泄の自立に向けた支援

排尿の状態 を 正しく把握

尿意の有無 → 排尿間隔のチェック

ある

ない
または
はっきり
しない

排尿間隔に応じ

尿意のサインに応じ

排泄の自立
は大切だね

排尿誘導

➕

排尿環境の整備

・居室をトイレの近くにする
・ベッドサイドでポータブルトイレを使用する　　など

認知症の人でも、尿意が維持されていることは
多いのです。きめ細かな観察で尿意のサインを
見逃さないようにしましょう

☑ 理解度チェック

□1 尿失禁がある場合は、おむつの着用が推奨される。

□2 高齢者に便失禁がある場合は、服薬状況の確認も必要である。

□3 排泄の自立を図るうえでは、ポータブルトイレの利用も有効である。

解答

1. ✕ 排泄の自立に向けた援助が大切／ 2. ○／ 3. ○

47 睡眠障害と介護

▶関連 46

高齢者の睡眠障害

- 睡眠障害のなかでも多いのが不眠症である
- 睡眠時無呼吸症候群や、レストレスレッグス症候群による症状、認知症やうつ病など脳の器質的・機能的疾患による睡眠パターンの変化などは不眠の原因となる

■ 不眠症の種類

入眠困難	寝床に入っても、なかなか寝つけない
中途覚醒	夜間に目が覚めて、その後眠りにつきにくい
早朝覚醒	早朝に目が覚めて、その後眠れなくなる
熟眠障害	睡眠時間はある程度とれているが、睡眠が浅く、すっきりと目覚めることができない

睡眠介護のアセスメント

■ 調べること

> 日中の活動状況　就寝前の状況　入眠や睡眠の状態
> 不眠の原因となる疾患の有無　精神状況　就眠環境　薬物の服用状況

不眠には思わぬ病気が隠れていることもあるよ！

🔑 関連キーワード ●●●●●●●●●●●●●●●●●●●●●●●●●●●●●

- **睡眠時無呼吸症候群**…睡眠中に無呼吸や低呼吸を繰り返して酸素不足となり、中途覚醒や昼間の眠気、熟眠感がないなどの症状が出る
- **レストレスレッグス症候群**…夕方から深夜にかけて、下肢を中心として、むずむずするような不快感や痛みが現れる

すっきりnavi

■ 不眠の原因と安眠対策

不眠の原因	安眠対策
日中に居眠りが多く活動不足	日中に十分身体を動かし、規則的な生活を送る
寝つきが悪い	入浴（足浴、半身浴も可）で適度な疲労感と爽快感を与え、睡眠に入りやすくする
就眠前の飲酒、カフェインなどの刺激物の摂取	就眠前にアルコールやカフェインを含む嗜好飲料（コーヒー、紅茶、緑茶など）は避ける
頻繁な尿意による夜間の覚醒	夕方からの水分摂取量を控える。昼間のうちに1日の水分量をとる
不眠の原因となる症状や疾患	疾患については、専門的な診断を受けてもらうようにし、対策をとる
就眠環境 （騒音、寝具や室温があわないなど）	室温、湿度、照明に配慮し、本人が就眠しやすい環境にする
向精神薬、睡眠薬などの精神に作用する薬の作用	睡眠薬は安眠対策をとっても効果がない場合に処方されるが、安易な乱用は不眠の原因となるため注意する

睡眠時無呼吸症候群などがある場合は、適切な治療を受けることが大切です！

☑ 理解度チェック

- □ 1 入眠困難は、夜間に目が覚めて、その後眠りにつきにくいことをいう。
- □ 2 高齢者の不眠の原因には、日中の活動不足も考えられる。
- □ 3 就眠前には、緑茶を飲むとぐっすりと眠れる。

解答

1. ✕ 設問は中途覚醒である／2. ○／3. ✕ カフェインが含まれるため控える

48 褥瘡と介護

▶関連 46、54

褥瘡(じょくそう)とは

● 褥瘡とは、持続的な圧迫、摩擦、ずれなどの外力により血流が途絶え、皮膚や皮膚組織に障害を起こした状態である

■ 褥瘡の発生要因

局所的要因	加齢などによる皮膚の脆弱化(ぜいじゃく)、皮膚の不潔、湿潤、摩擦
全身的要因	低栄養、やせ、加齢、基礎疾患、浮腫、易感染性、薬剤投与、日常活動性の低下
社会的要因	介護力不足、情報不足、経済力不足

● 多職種と連携し、褥瘡の発生要因を踏まえた予防介護と体調管理のための支援を行う

■ 褥瘡のできやすい部位

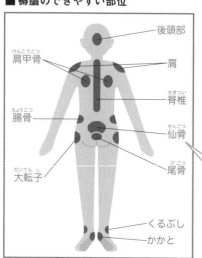

後頭部
肩甲骨(けんこうこつ)
肩
脊椎(せきつい)
腸骨(ちょうこつ)
仙骨(せんこつ)
尾骨(びこつ)
大転子(だいてんし)
くるぶし
かかと

■ 褥瘡のできやすい人

● 麻痺や認知症などで寝返りができない
● 感覚障害がある
● やせている
● 腰を上げられない
● 失禁がある
● 栄養状態が悪い

仰臥位だと、体重の半分がかかる腰(特に仙骨部)が最もできやすい

すっきりnavi

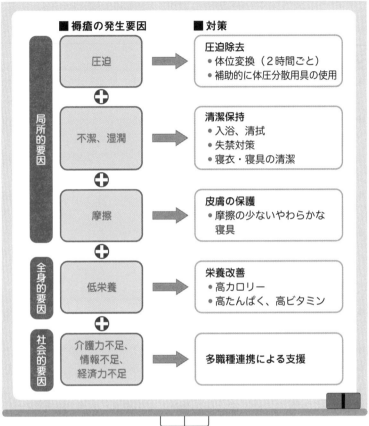

■ 褥瘡の発生要因　**■ 対策**

局所的要因

| 圧迫 → | **圧迫除去**
● 体位変換（2時間ごと）
● 補助的に体圧分散用具の使用 |

➕

| 不潔、湿潤 → | **清潔保持**
● 入浴、清拭
● 失禁対策
● 寝衣・寝具の清潔 |

➕

| 摩擦 → | **皮膚の保護**
● 摩擦の少ないやわらかな寝具 |

➕

全身的要因

| 低栄養 → | **栄養改善**
● 高カロリー
● 高たんぱく、高ビタミン |

➕

社会的要因

| 介護力不足、情報不足、経済力不足 → | **多職種連携による支援** |

☑ 理解度チェック

☐ **1** 感覚障害のある人は、褥瘡ができやすい。

☐ **2** 低栄養は、褥瘡の発生要因となる。

☐ **3** 褥瘡予防で体圧分散用具を使用している場合は、体位変換は必要ない。

解答

1. ○／ 2. ○／ 3. ✕ 体位変換も必要

49 リハビリテーション

▶関連 60、62

リハビリテーションの機能

- 予防的リハビリテーションでは、早期発見、早期対応を重視した介護予防の取り組みを行う
- 治療的リハビリテーションのうち急性期リハビリテーションでは、急性期病床において基本的リハビリテーションを実施し、回復期リハビリテーションでは、回復期リハビリテーション病棟において機能回復、ADLの向上と早期社会復帰を目指す
- 維持的リハビリテーションは、介護保険で行われ、生活機能の維持向上、活動性の向上を目指す
- 終末期にも、最期までその人らしい生活を保てるよう、リハビリテーションが行われる

配慮すべき主な障害

- 廃用症候群の拘縮の予防では、適切な体位の保持、装具などによる良肢位の保持に留意する
- 筋力低下や筋萎縮防止には、レクリエーションや趣味活動も効果がある
- 感覚障害では、温度や痛みを感じないため低温やけどに注意が必要
- 高次脳機能障害では、コミュニケーション環境に留意する
- 左半側空間無視では、左半分を無視してしまい、左側から話しかけても反応が鈍いため、失認空間への注意を向けるようにくふうする。左片麻痺によくみられる

■失認・構音障害・失語症

失認	意識障害や感覚障害はないのに、対象となるものの意味が理解できなくなること。左半側空間無視も失認のひとつ
構音障害	舌・唇・咽頭などの構音器官の麻痺、筋肉の障害などによって発音が正しくできない状態
失語症	大脳の言語中枢の損傷が原因。話すこと、聞いて理解すること、読み書きなどの能力に障害のある状態

🗝 関連キーワード ●●●●●●●●●●●●●●●●●●●●●●●●●●●●

- **良肢位**…できるだけ拘縮をつくらない予防的な姿勢で、関節がその位置で動かなくなった場合でも、ADLに最も影響の少ない肢体位置。良肢位でも、長時間同じ姿勢を続けると拘縮や褥瘡につながる
- **高次脳機能障害**…脳の病変により、失語症、失行、失認、注意障害、記憶障害、遂行機能障害、社会的行動障害などが現れる

すっきりnavi

■ リハビリテーション中に起こりやすい主なリスク

運動時	低血糖発作、呼吸困難、痛みの増悪、転倒
食事介助	誤嚥、窒息
医療機器装着	人工呼吸器、酸素吸入時の事故
治療機器取扱中の事故	温熱療法、電気刺激療法、牽引療法、斜面台、平行棒
感染	飛沫、密な接触、リハビリテーション器具を介した感染

☑ 理解度チェック

☐ **1** 意識障害や感覚障害はないのに、対象となるものの意味が理解できなくなることを失認という。

☐ **2** 失語症は、大脳の言語中枢の損傷が原因となる。

☐ **3** 左半側空間無視では、左側に注意を向けないようにする。

解答

1. ○／2. ○／3. ✕ 左側に注意を向けるようにする

リハビリテーションでは、症状によってどのようなリスクが予測されるか、また事故が起こったときの対処方法をよく理解しておくことが大切です

認知症の原因疾患

▶関連 51～53

 認知症の原因疾患

- ●認知症は、介護保険法では「アルツハイマー病その他の神経変性疾患、脳血管疾患その他の疾患により日常生活に支障が生じる程度にまで認知機能が低下した状態」と規定される
- ●高齢者に多いのはアルツハイマー型認知症と血管性認知症で、全体の約9割を占める

■ **認知症の原因となる疾患**

神経変性疾患	アルツハイマー型認知症、レビー小体型認知症、前頭側頭型認知症（ピック病）など
脳血管障害	血管性認知症
外傷性疾患	脳挫傷、慢性硬膜下血腫※
感染症	進行麻痺（梅毒）、脳膿瘍、単純ヘルペス脳炎後遺症、エイズ
内分泌代謝性疾患	甲状腺機能低下症※、ビタミンB_{12}欠乏症※
中毒	一酸化炭素中毒後遺症、メチル水銀中毒、慢性アルコール中毒
腫瘍	脳腫瘍（髄膜腫）
その他	正常圧水頭症※、てんかん※

※早期の治療で回復するため、認知症と定義されないことがある

🔑 **関連キーワード** ●●●●●●●●●●●●●●●●●●●●●●●●●●●●●

- ●**正常圧水頭症**…三大症状は認知機能障害、すり足で小股に歩く歩行障害、尿失禁。脳の周囲や脳室内にたまった脳脊髄液を取り除くことで治療可能
- ●**慢性硬膜下血腫**…頭部打撲などが原因で、硬膜とくも膜との間の小さな出血が、1～3か月かけて大きな血腫となり、脳を圧迫。わずかな打撲でも生じる。症状は意識障害、認知機能低下、歩行障害などで、早期手術で血腫を除去すればもとの認知機能レベルに戻る
- ●**甲状腺機能低下症、ビタミンB_{12}欠乏症**…血液検査で発見され、薬物治療で治る

すっきりnavi

■ 各認知症の特徴

種類	原因	特徴的な症状
アルツハイマー型認知症	脳にアミロイドβとタウたんぱく質が異常に蓄積し神経細胞が減少	ゆるやかに進行。記憶障害は、初期から現れる。エピソード記憶の障害が中心で特に近時記憶の障害が著しい
血管性認知症	脳血管障害、大脳白質の病変による脳の虚血など	大脳白質の病変により起こるビンスワンガー型では、認知反応が遅くなり、アパシー（著しい意欲や自発性低下）、うつ状態が顕著。早期から運動障害、構音障害、嚥下障害がみられやすい
レビー小体型認知症	レビー小体たんぱく質が、大脳のほか、脳幹部や末梢神経にも広く異常沈着	● レム睡眠行動障害 ● うつ、嗅覚低下 ● 現実的で詳細な内容の幻視 ● パーキンソン症状、高い確率で自律神経症状
前頭側頭型認知症（ピック病）	脳の前頭葉と側頭葉が集中的に萎縮	前頭葉の障害では、反社会的な衝動的行動、同じ行動を繰り返しすること（常同行動）、側頭葉の障害では意味記憶障害、相貌失認

保健医療サービス分野

同じ認知症でも、原因が違うと
特徴も異なるね！

☑ 理解度チェック

□ 1　ビタミンの欠乏により、認知症が起こることがある。

□ 2　アルツハイマー型認知症では、高い確率で自律神経症状がみられる。

□ 3　血管性認知症では、アパシーやうつ状態もみられる。

解答

1. ○／2. ✕ 自律神経症状は、レビー小体型認知症の特徴／3. ○

51 認知症の症状

▶関連 50、52、53

認知症の中核症状とBPSD

- 中核症状は、脳の病変により必ず現れる認知症状。記憶障害を中心に、見当識障害、遂行機能障害などが現れる
- BPSD（認知症の行動・心理症状）は、性格などの個人因子、住環境やケアの状況などの環境因子の影響を強く受けるため、発症要因や誘因を取り除き、適切な対応をすることで予防や改善が可能

認知症の診断・治療

- アルツハイマー型認知症、血管性認知症ともに薬物による根治的治療は困難。症状の改善や進行を遅らせる効果のある薬剤はある
- 抗精神病薬は興奮性BPSDの治療に使われるが、過量では認知機能の低下、意欲や自発性の低下（アパシー）をきたすことがある
- 非薬物療法（回想法、音楽療法、現実見当識練習など）も行われる

■ 評価・鑑別診断

質問式の評価
- 長谷川式認知症スケール（HDS-R）
- MMSE（Mini-Mental State Examination）

診断基準
- DSM-5
- WHOの国際疾病分類第10版

形態画像検査
- CTスキャン
- MRI（核磁気共鳴画像）

機能画像検査
- 脳血流SPECT

血液検査
- 甲状腺機能低下症やビタミンB12欠乏症の鑑別診断に有効

🔑 関連 キーワード ●●●●●●●●●●●●●●●●●●●●●●●●●●●●●●●●●

- **質問式の評価スケール**…長谷川式認知症スケール、MMSEなどがある。長谷川式認知症スケールは、最高得点30点で、20点以下で認知症を疑う。MMSEは、最高得点30点で、23点以下で認知症を疑う。ただし、これらの検査結果のみで認知症の診断はできない

すっきりnavi

■ 認知症の中核症状とBPSD

社会的認知の障害は、病識の低下や他者の気持ちを理解できないなどで、中核症状だから改善が難しいよ

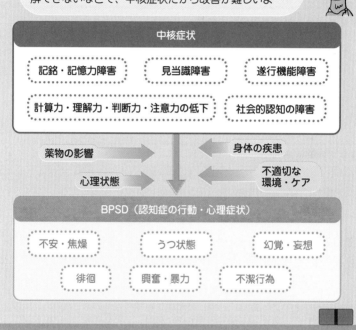

中核症状

記銘・記憶力障害　　見当識障害　　遂行機能障害

計算力・理解力・判断力・注意力の低下　　社会的認知の障害

薬物の影響　　身体の疾患

心理状態　　不適切な環境・ケア

BPSD（認知症の行動・心理症状）

不安・焦燥　　うつ状態　　幻覚・妄想

徘徊　　興奮・暴力　　不潔行為

保健医療サービス分野

☑ 理解度チェック

□ **1** BPSDは、発生要因や誘因を取り除くことで予防や改善が可能である。

□ **2** 認知症の確定診断は、長谷川式認知症スケールで行う。

□ **3** 社会的認知の障害は、中核症状のひとつである。

解答

1. ○／2. × 長谷川式認知症スケールのみで認知症の確定診断はできない／3. ○

認知症施策推進大綱と主な認知症施策

■ 認知症施策推進大綱の5つの柱

①普及啓発・本人発信支援
②予防
③医療・ケア・介護サービス・介護者への支援
④認知症バリアフリーの推進・若年性認知症の人への支援・社会参加支援
⑤研究開発・産業促進・国際展開

■ 主な認知症施策

認知症ケアパス	認知症の人の状態にあわせた適切な医療・介護サービス提供の流れを示す。各市町村が地域資源マップづくりとあわせて作成・普及する
認知症疾患医療センター	都道府県・政令指定都市に設置。①認知症疾患に関する鑑別診断と初期対応、②BPSDと身体合併症の急性期医療に関する対応、③専門医療相談などの実施、④地域保健医療・介護関係者への研修などを行う
認知症初期集中支援チーム	地域包括支援センターや認知症疾患医療センターなどに配置される。認知症が疑われる人や認知症の人、その家族を複数の専門職が訪問し、アセスメント、家族支援などの初期の支援を包括的、集中的に行う
認知症カフェ（オレンジカフェ）	認知症の人や家族の憩いの場づくりのこと。認知症の人と家族、地域住民、専門職のだれもが参加でき集う場
SOSネットワーク	認知症の人が行方不明になったときに、警察だけではなく地域の生活関連団体などが捜索に協力してすみやかに行方不明者を見つけるしくみ
若年性認知症支援コーディネーター	利用者・家族からの相談支援、関係機関とのネットワーク構築、若年性認知症の理解の普及・啓発などを図る

すっきりnavi

■ 認知症の早期発見のための連携

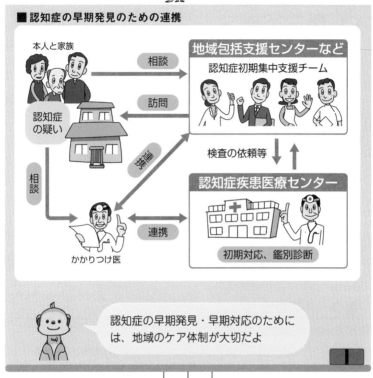

本人と家族

相談 →

地域包括支援センターなど
認知症初期集中支援チーム

← 訪問

認知症
の疑い

準備

相談

検査の依頼等 ↓↑

認知症疾患医療センター

初期対応、鑑別診断

かかりつけ医

連携

認知症の早期発見・早期対応のために
は、地域のケア体制が大切だよ

☑ 理解度チェック

☐ **1** 認知症施策推進大綱の5つの柱には、「認知症バリアフリーの推進・若年性認知症の人への支援・社会参加支援」が含まれる。

☐ **2** 認知症疾患医療センターでは、認知症の急性期の医療には対応しない。

☐ **3** 認知症初期集中支援チームは、地域包括支援センターや認知症疾患医療センターなどに配置される。

解答

1. ○／ 2. × BPSDと身体合併症の急性期医療に対応する／ 3. ○

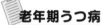

53 精神障害とその対応

老年期うつ病

■原因、症状、治療

原因	環境・心理・身体的要因（親しい人との死別、社会的役割の喪失、慢性疾患の合併など）
症状・特徴	●一般的な症状は抑うつ症状、行動や思考の抑制、頭痛や肩こりなどの身体症状 ●高齢者では、気分の落ち込みよりも、不安、緊張、焦燥感が強く、心気的な訴え、意欲や集中力の低下、認知機能の低下を示しやすい。自律神経症状も目立つ ●症状が進むと妄想（罪業妄想、貧困妄想、心気妄想）、自殺企図が現れる
治療・対応	●早めに医師の診断を受ける ●精神療法、抗うつ薬の投与など薬物治療

アルコール依存症

■原因、症状、治療

原因	身体的老化や喪失体験、社会的孤立などの環境の変化がきっかけとなる。高齢者は、体内の水分量の低下、アルコール代謝酵素の活性低下、アルコール感受性の亢進などもあり、発症しやすい
症状・特徴	薬物依存症の一種で、自らの意志でアルコール摂取を止めることができない。アルコールを止めると離脱症状が出やすい。高齢者では認知症やうつ病を合併しやすい
治療・対応	離脱治療と依存治療を行う。老年期に発症した場合は、若年期に発症した場合よりも治療への反応は良好。生活上では、断酒会への参加や生活に楽しみがもてるよう支援

 アルコール依存症は、節酒ではなく断酒が必要です。意志が弱くて止められないのではなく、治療が必要な疾患なのです

関連キーワード ●●●●●●●●●●●●●●●●●●●●●●●●●●●●●●●

- **妄想性障害**…老年期の代表的な妄想性障害は遅発パラフレニーで、人格や感情反応は保たれているが体系化された妄想を主症状とし、女性に多い
- **統合失調症**…主に思春期から中年期以前に発症。幻覚、幻聴や妄想、奇異な行動などの陽性症状と、感情鈍麻や無気力、自発性の低下などの陰性症状がある。加齢とともに寛解、認知症化などさまざまな経過をたどる

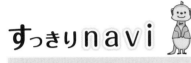

■ 高齢者の精神障害の分類

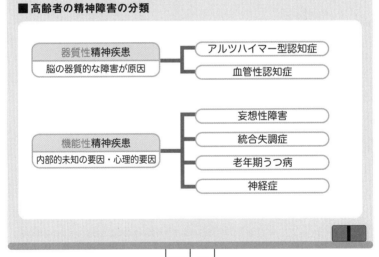

```
器質性精神疾患          ─┬─ アルツハイマー型認知症
脳の器質的な障害が原因    └─ 血管性認知症

機能性精神疾患          ─┬─ 妄想性障害
内部的未知の要因・心理的要因 ├─ 統合失調症
                       ├─ 老年期うつ病
                       └─ 神経症
```

☑ **理解度チェック**

□**1** 高齢者のうつ病では、認知機能の低下を示しやすい。

□**2** アルコール依存症は、本人の治そうという意志があれば、必ずしも治療する必要はない。

解答

1. ○／2. ✕ 意志だけではコントロール不可能。医療機関での治療が必要

54 高齢者の栄養と食生活の支援

栄養と食事のアセスメント

- 高齢者は、味覚、嗅覚、視覚などの低下、そしゃく機能の低下、活動量の低下などで食欲や食事量が低下しやすい
- 1日の食事内容、食事の状況（食欲や共食の機会）、環境（食事の準備、調理、買い物など含む）、生活パターン、身体状況（疾病の存在、義歯の不具合）、精神的問題の有無などを総合的にアセスメントする

■ 介護支援専門員が確認する主観的・客観的データ

身体計測→いずれも栄養状態の指標となる		
・体重・身長 ・BMI→18.5未満は低体重 ・上腕周囲長→骨格、内臓、筋肉などの総和を反映 ・下腿周囲長→体重を反映、浮腫の有無の目安となる		
食事摂取量	食欲不振の原因も把握	褥瘡の有無	低栄養も要因となる
水分摂取量	口渇感の低下も原因	服薬状況	薬剤の副作用に注意
栄養補給法	経管栄養法などでは栄養状態悪化や感染症のリスクあり		

🔑 関連キーワード ●●●●●●●●●●●●●●●●●●●●●●●●●●●●

- **低栄養**…高齢者は、独居、介護力不足などの社会的要因、認知機能障害、うつなどの心理・精神的要因、加齢、疾病などにより低栄養状態に陥りやすい。低栄養は、体重減少、BMIの低下、筋肉量の減少、血清アルブミンの減少などが指標となる
- **共食**…家族や友人、職場の人や地域の人など、だれかと共に食事をすること。仲間と食べることで食が進むことがある

すっきりnavi

■ 状態別課題と支援のポイント

低栄養	**課題** 生活機能が低下、免疫力の低下により感染症にかかりやすく、フレイル（虚弱）や要介護状態につながりやすい **支援** 食欲がないときには、食べたい食品を食べたいときに少量ずつ、おやつ（間食、補食）をとる
生活習慣病などの疾病	**課題** 高齢者では、メタボリックシンドロームなどの過栄養も少なくない **支援** 医師の指示に基づく食事療法、運動療法、薬の適切な服用、居宅療養管理指導の利用
認知症高齢者	**課題** 食事中の傾眠や、失認、拒食、偏食、徘徊、異食、盗食などBPSDへの対応 **支援** 食事摂取の促しと安全面への配慮→声かけ、見守り、食事場所や食事時間、食器具の変更、姿勢の保持
独居	**課題** 欠食、偏食、孤食、食材確保の問題による食事の質の低下、閉じこもりや不活発による食欲不振 **支援** 共食の確保など地域資源の紹介、配食活用
口腔に問題	**課題** 摂食・嚥下障害、誤嚥による肺炎や窒息、脱水、低栄養 **支援** 誤嚥と窒息を防ぐための安全確保、自力による食事摂取の促し、食事姿勢の調整（可能なかぎり座位、頭部前屈、下顎を引く）、座席・テーブルの高さや距離の調整、食器・食具の変更、飲み込みやすいとろみのある食品や半固形の食形態への変更

保健医療サービス分野

☑ 理解度チェック

□**1** 下腿周囲長は、体重を反映する。

□**2** 低栄養状態になると、免疫力が亢進する。

□**3** 高齢者では、過栄養になることはないと考えてよい。

解答

1. ○／2. ✕ 低下する／3. ✕ 過栄養になることも少なくないため対応が必要

55 薬の作用と服薬管理

▶関連 33、40、47

薬と食品の相互作用

● 一般医薬品のほか、健康食品、特定の食品や飲料にも薬の作用に影響を与えるものがある

■ 薬と食品の主な相互作用

食品	主な薬		相互作用
納豆、クロレラなど	ワルファリンカリウム（抗凝固薬）	⬇	納豆などに多く含まれるビタミンKは血液の凝固を促すため、薬の効果を弱める
グレープフルーツ	カルシウム拮抗薬（降圧薬）	⬆	グレープフルーツの酵素が薬の代謝を妨げ、薬の作用や副作用が増強する
牛乳	エトレチナート（角化症治療薬）	⬆	牛乳により薬の体内への吸収量が増加し、薬の作用が増強する

薬の服用上の留意点

● 食道潰瘍や誤飲などを防ぐために、薬は上半身を起こした状態で、通常は100mL程度の水かぬるま湯で服用する
● 錠剤やカプセル剤を、つぶしたり脱カプセルをすると、効果が得られなかったり、苦みや特異臭を生じることがあるため、専門的な判断が必要
● 状態に応じ、お薬カレンダーの活用、薬の一包化や薬の形態の選択、見守りや声かけなどの服薬援助を検討

🔑 関連キーワード ●●●●●●●●●●●●●●●●●●●●●●●●●

● **OD錠**…唾液や少量の水で溶け、消化管で有効成分が吸収される
● **舌下錠**…口腔粘膜から、急速に有効成分が吸収される。狭心症発作時に使用されるニトログリセリン製剤などがある

すっきりnavi

■ 高齢者の特徴

| 複数の疾患あり 複数の薬を併用 | | 生理・生体機能の低下 腎機能・肝機能の低下 低栄養　脂肪の増加 |

薬効増強、薬の相互作用による副作用が増強

■ 薬の主な副作用

副作用	原因となる主な薬
起立性低血圧	降圧薬
低血糖	血糖降下薬
脱水症状	利尿薬
口渇（唾液分泌抑制）	利尿薬、抗不安薬、抗うつ薬、抗パーキンソン病薬、麻薬、抗不整脈薬
便秘、頻脈、ふらつき、眠気、排尿困難、嚥下障害	抗不安薬、抗うつ薬、抗パーキンソン病薬
消化器症状、上部消化管出血のおそれ、腎障害	非ステロイド性消炎鎮痛薬
消化器症状	鉄剤
薬剤性パーキンソン症候群（パーキンソン様症状）	抗精神病薬、ドパミンD2受容体遮断作用を有する胃腸症状改善薬

☑ 理解度チェック

- □ **1** 健康食品が、薬の作用に影響を及ぼすことはない。
- □ **2** 錠剤が飲み込みにくい場合は、適宜つぶして服用するとよい。
- □ **3** 抗うつ薬や抗不安薬の副作用で、口渇が現れることがある。

解答

1. ✕ 健康食品、特定の食品や飲料も薬の作用に影響を与えることがある／
2. ✕ つぶしてよいかは専門的な判断が必要／ 3. ○

高齢者の急変

- 急変時には、意識障害の程度とバイタルサインを確認する
- 緊急度、重症度に応じて救急要請を行う
- 心停止時には、心肺蘇生を行う

■ 高齢者の急性疾患の特徴

非典型的症状 | 自覚症状乏しい | 神経・精神症状 | 水・電解質代謝異常

■ 状態別急変時の対応

出血	激しく出血している場合は、出血部位よりも心臓に近い部位を圧迫して止血。出血部位を心臓より高くすると出血量を減らすことができる場合がある
誤嚥・窒息	上腹部を強く圧迫する腹部突き上げ法（ハイムリック法）、後ろから肩甲骨の中間を強く叩く背部叩打法が有効
胸痛	強い胸痛は心筋梗塞、狭心症が疑われ、痛みは肩や背中、首などにも拡散する
発熱	感染症や脱水を疑う。安易に下熱剤を用いない
嘔吐	側臥位にして、口の中の嘔吐物を取り除く
吐血	上部消化器系の緊急疾患を疑う
下血	タール便（黒っぽいドロドロした血便）は、胃がんや胃潰瘍、十二指腸潰瘍など上部消化器系の疾患を疑う。鮮血便では、大腸憩室炎、大腸がんなど下部消化器系の疾患を疑う
腹痛	高齢者では、心筋梗塞の症状が胸痛ではなく腹痛として現れることがある。激しい腹痛と嘔吐がある場合はイレウス（腸閉塞）の可能性がある
誤薬	意識があるときは胃の内容物を吐かせるが、洗剤や漂白剤などの誤飲は無理に吐かせずすぐに医療機関にかかる
やけど	衣服の下をやけどしている場合は、衣服を脱がさずその上から流水をあてる

🔑 関連キーワード ●●●●●●●●●●●●●●●●●●●●●●●●●●●●●●●●

● **心肺蘇生法**…近くの人に応援（救急車の要請、AEDの手配）を頼んでから処置を開始。胸と腹部の動きを見て呼吸を確認し、正常な呼吸をしていない場合や判断に迷う場合はすぐに胸骨圧迫を開始する。AEDが到着したらすぐに使用する。特に心室細動ではAEDの使用が必要となる

すっきりnavi

■ 意識レベルの見かた（ジャパン・コーマ・スケール）

数値が大きいほど重症

3群	刺激を与えても覚醒しない状態
300	痛みや刺激にまったく反応しない
200	痛みや刺激に少し手足を動かしたり顔をしかめる
100	痛みや刺激に払いのけるような動作をする
2群	刺激を与えると覚醒する状態
30	痛みや刺激を与えながら、呼びかけを繰り返すとやっと目をあける
20	大きな声または体をゆさぶると目をあける
10	呼びかけると目をさます
1群	刺激を与えなくても覚醒している状態
3	自分の名前、生年月日が言えない
2	今日の日付やいまいる場所がわからない
1	ほぼ清明だがいまひとつはっきりしない

☑ 理解度チェック

□ 1 誤嚥や窒息では、ただちに胸を強く圧迫するとよい。

□ 2 タール便では、胃がんや胃潰瘍が疑われる。

□ 3 心室細動の症状が現れたらすみやかに医療機関を受診する。

解答

1. ✗ 上腹部を強く圧迫／2. ○／3. ✗ AEDなどで一刻も早い救命措置が必要

57 在宅医療管理

▶関連 37、38、46

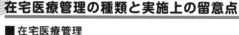

在宅医療管理の種類と実施上の留意点

■ 在宅医療管理

種類	在宅酸素療法	在宅人工呼吸療法
特徴	酸素供給器を用いて酸素投与を行う。外出時には小型・軽量の酸素ボンベを使用	マスクなどを装着して実施するNPPVと気管切開などをして実施するIPPVがある
留意点	● 酸素の吸入量や時間は、医師の指示に基づく。自己判断で変更しない ● 火気厳禁、禁煙。酸素供給器は火気から2m以上離す	● 災害時の停電などに備えて、予備バッテリーの確保 ● 主治医や機器の取扱業者への連絡体制を確認

種類	人工透析
特徴	血液透析と腹膜透析がある
留意点	● 血液透析は、透析施設に週2～3回通院して行う ● 腹膜透析では、病院に通うのは月1～2回でよい

種類	在宅自己注射
特徴	高齢者に多いのは糖尿病のインスリン製剤注射
留意点	食事摂取量の低下による低血糖、血糖コントロール不良により高血糖による昏睡

種類	在宅自己導尿
特徴	利用者自らが膀胱内にカテーテルを挿入し、尿を排泄する方法
留意点	排尿後にカテーテルを抜きとるため、膀胱留置カテーテルよりも感染症の危険性は低い

🔑 関連キーワード ●●●●●●●●●●●●●●●●●●●●●●●●●

● **痰の吸引**…呼吸管理のため気管切開や気管挿管をする場合は、痰の吸引を行う。必要に応じて吸入療法や体位ドレナージを行う。気管切開をしていても、スピーチカニューレの使用により発声は可能

すっきり navi

■ 栄養補給のための在宅医療管理

■ 在宅経管栄養法

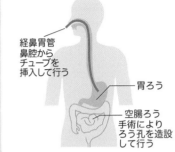

経鼻胃管
鼻腔から
チューブを
挿入して行う

胃ろう

空腸ろう
手術により
ろう孔を造設
して行う

■ 在宅中心静脈栄養法

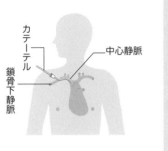

カテーテル

中心静脈

鎖骨下静脈

種類	在宅経管栄養	在宅中心静脈栄養
特徴	胃ろうなどを造設し、経管栄養食を注入する	中心静脈にカテーテルを通し、高カロリー液を投与する
留意点	● 注入時の速度、誤嚥防止に注意 ● 上半身を30度以上起こす ● 感染予防、清潔操作 ● カテーテルの外部ストッパーは、体表から1〜2cm程度のあそびをもたせる ● 胃ろうでは、管が自然に抜去することがあり、すぐに医療職に連絡し、代用のものを入れる ● 入浴は可能だが、特別な配慮が必要	● 中心静脈にカテーテルを留置し、静脈から高カロリー液を供給する ● 感染予防、清潔操作 ● 入浴は可能だが、特別な配慮が必要

☑ 理解度チェック

□1 在宅酸素療法では、禁煙も重要である。

□2 在宅人工呼吸療法では、予備バッテリーの確保をしておく。

□3 在宅経管栄養を行っている場合、入浴はできない。

解答

1. ○／2. ○／3. ✕ 入浴は可能

58 ターミナルケア

▶関連 38

ターミナル期のケア

- ●ターミナルケアは、自宅、認知症対応型共同生活介護、サービス付き高齢者向け住宅、介護保険施設などさまざまな場所で行われる
- ●介護支援専門員は、時期に応じ医療機関との適切な連絡・調整を行う
- ●終末期のケアは、食事、排泄、睡眠、移動、清潔、喜びという視点からとらえて支援することが大切

衰えを示す変化	かかわり方、ケア
食欲が落ち、体重が減る	量よりも楽しみや満足感を重視していく。食べたいものを、食べたいときに、食べたい分だけとればよいと考える
口腔や嚥下の機能が落ちる	誤嚥性肺炎を予防する。嚥下状態や口腔内の状況の定期的な観察、口腔ケアや誤嚥しにくい食形態のくふうなどが重要
便秘になりやすい	腹部をさする、蒸しタオルで温めるなどで物理的に刺激、看護師による摘便など
意欲や活動量が減る、体調を崩すことが増える	状態に応じ、無理のない範囲で好きな活動を続ける。眠るときと目覚めるときのリズムをつける。環境整備をして転倒予防
褥瘡ができやすい	皮膚の状態をよく観察して、予防ケアをする

関連キーワード ●●●●●●●●●●●●●●●●●●●●●●●●●●●●

- ●アドバンス・ケア・プランニング（ACP）…自らが望む人生の最終段階における医療・ケアについて、本人が家族など（親しい友人などを含む）や医療・ケアチームと繰り返し話し合い、共有するプロセス。話し合いの内容は、そのつど文書化して共有する
- ●エンゼルケア…患者の死後のケア。医療器具などをはずして身体を清潔にし、その人らしい外見に整える
- ●グリーフケア…遺族の悲嘆への配慮や対応

すっきりnavi

■臨終が近いときの兆候とケア

	数週間〜1週間前	数日前	48時間〜直前
食事	飲食量の減少	経口摂取が困難	水分は口を湿らす程度
食事	**ケア** 口が乾くため、口腔内を清潔に保つ。誤嚥に気をつけながら、氷、アイスクリームなどを口に入れる		
意識	うとうとしている時間が長い	意識混濁、意味不明な言動や混乱	昏睡状態
意識	**ケア** つじつまがあわないことを言うときでも、否定せずに受け止める。混乱が激しいときは向精神薬の投与など医療職と相談。意思の疎通が難しくなっても、聴覚は最期まで保たれるといわれるため、いつも通りの声かけをして安心感を与える		
呼吸	息切れ、息苦しい	唾液を飲み込めず喉がごろごろする	直前は肩や顎だけを動かす下顎呼吸
呼吸	**ケア** ベッドの角度調整や姿勢のくふう（頭を少し高くする）、温度調整など環境整備で息苦しさが楽になるようにする。下顎呼吸が始まると臨終が近いのでそばで見守る		
循環	血圧が徐々に低下、脈が速い	尿量減少	チアノーゼ、脈が触れにくい
循環	**ケア** あわてずに観察。臨終が近いときには家族と見守る		

保健医療サービス分野

死亡に医師の立ち会いがない場合は、主治医に連絡します。死亡診断書は医師または歯科医師のみ作成できます

理解度チェック

☐ **1** 在宅でのターミナルケアでは、介護支援専門員は医療との連携が必要である。

☐ **2** 本人の意識がない場合は、声かけは行わない。

☐ **3** 医師の指示書があれば、看護師も死亡診断書を作成できる。

解答 ─────────────────────────────

1. ○／ 2. ✕ いつも通りの声かけをする／ 3. ✕ 作成は医師または歯科医師のみ

59 訪問看護

▶関連 7、12

※特に注釈のない場合は介護予防サービスでも趣旨は同様（以下サービス同）

訪問看護の内容

■ サービスの内容

- 病院・診療所や訪問看護ステーションの看護師などが、要介護者の居宅を訪問し、療養上の世話や診療の補助を行うサービス
- 具体的には、病状の観察と情報収集やアセスメント、療養上の世話、診療の補助、リハビリテーション、精神的支援、家族支援、療養指導、在宅での看取りの支援が行われる

■ 担当者

| 看護師・准看護師・保健師 | 理学療法士・作業療法士・言語聴覚士 |

運営基準と介護報酬

- 訪問看護の開始時には、主治医の指示を文書で受ける
- 訪問看護計画書・訪問看護報告書は事業者が主治医に提出する
- 看護師等は、自身の同居家族にサービスを提供しない
- 看護師等は、利用者に病状の急変などが生じた場合には、必要に応じて臨時応急の手当てを行い、すみやかに主治医に連絡して指示を求めるなどの必要な措置を講じる

■ 主な加算

複数名訪問加算（同時に複数の担当者による訪問看護を行う場合）
緊急時訪問看護加算（24時間緊急対応の体制などを評価）
特別管理加算（真皮を越える褥瘡の状態など特別な医療管理を評価）
ターミナルケア加算（死亡日・死亡日前14日以内に２日以上のケアなどを評価）※
看護・介護職員連携強化加算（訪問介護事業所への痰の吸引などの支援を評価）※
退院時共同指導加算　（主治医などと共同して行う、入院中の利用者への退院後の療養指導を評価）

※介護予防サービスにはなし

関連キーワード ●●●●●●●●●●●●●●●●●●●●●●●●●●●●●●●●

● **特別訪問看護指示書**…要介護者の症状が急激に悪化したとき（急性増悪時）に、主治医から交付される。交付された場合は、原則として月1回、交付日から14日間を限度に医療保険から訪問看護を提供できる

すっきりnavi

■ **訪問看護の介護保険と医療保険の区分け**

保健医療サービス分野

原則

訪問看護には介護保険と医療保険によるものがあり、要介護者等は介護保険からの給付が原則

例外

| 急性増悪時 | 末期悪性腫瘍や神経難病など（厚生労働大臣が定める疾病等）の患者 | 精神科訪問看護（認知症を除く） |

例外的に医療保険の訪問看護から給付

 例外的に医療保険の訪問看護の対象となるものを押さえておきましょう

☑ 理解度チェック

□ **1** 訪問看護では、理学療法士によるリハビリテーションも行われる。

□ **2** 特別訪問看護指示書が交付された場合は、月1回、交付日から14日間を限度に医療保険による訪問看護が提供される。

□ **3** 末期悪性腫瘍の患者には、介護保険の給付は行われない。

解答

1. ○／ 2. ○／ 3. ✕ 要介護認定されれば介護保険の給付対象。ただし訪問看護は医療保険から給付

131

60 訪問リハビリテーション

▶関連 7、49、59

訪問リハビリテーションの内容

■ サービスの内容

- 病院、診療所、介護老人保健施設、介護医療院の理学療法士、作業療法士、言語聴覚士が、要介護者の居宅を訪問し、理学療法、作業療法、その他必要なリハビリテーションを行うサービス
- 具体的には、ADLやIADLの維持・回復に向けたリハビリテーション、訪問介護事業所等に対する自立支援に向けた介護技術の指導・助言、福祉用具の利用や住宅改修についての助言など

■ 担当者

医師	理学療法士・作業療法士・言語聴覚士

運営基準と介護報酬

- 医師の診療に基づき医師および理学療法士、作業療法士または言語聴覚士が訪問リハビリテーション計画を作成する
- 理学療法士等のサービス担当者は、サービスの実施状況やその評価について診療記録を作成し、医師に報告する
- 基本報酬は、20分以上サービスを行った場合を1回として、1週間に6回を限度に算定

■ 主な加算（訪問リハビリテーションの場合）

短期集中リハビリテーション実施加算　（退院・退所日または初回認定日から3か月以内の集中的な訪問リハビリテーションを評価）
リハビリテーションマネジメント加算　（定期的なリハビリテーション会議の開催によるリハビリテーション計画の見直しなどを評価）※
移行支援加算　（通所介護などへの移行が一定割合を超えていることなどを評価）※

※介護予防サービスにはなし

関連キーワード ●●●●●●●●●●●●●●●●●●●●●●●●●●●●●●●●●

● **介護予防訪問リハビリテーション**…サービス提供開始時からサービス提供期間終了までに少なくとも1回はモニタリングを行い、その結果を記録して指定介護予防支援事業者に報告する

すっきりnavi

■ 要介護度別のリハビリテーション

区分	種類	目標
要支援1・2	予防的リハビリテーション	要介護化の予防
要介護1・2	自立支援型リハビリテーション	ADL、IADLの自立
要介護3〜5	介護負担軽減型リハビリテーション	介護者の負担軽減

訪問看護ステーションの理学療法士や作業療法士がリハビリテーションを行った場合は、訪問リハビリテーションではなく訪問看護となります

☑ 理解度チェック

□ **1** 訪問リハビリテーション事業者の指定を受けられるのは、病院、診療所、介護老人保健施設、介護医療院のみである。

□ **2** 訪問リハビリテーション計画は、医師が作成しなければならない。

□ **3** 要介護1の人には、一般に自立支援型リハビリテーションが行われる。

解答

1. ○／ 2. × 医師の診療に基づき、医師および理学療法士、作業療法士、言語聴覚士が作成する／ 3. ○

61 居宅療養管理指導

▶関連 7

居宅療養管理指導の内容

■ サービスの内容

- 病院・診療所、薬局の医師、歯科医師、薬剤師などが、通院が困難な要介護者の居宅を訪問し、療養上の管理および指導を行うサービス
- ①医師または歯科医師が行う医学的管理指導、②薬剤師が行う薬学的管理指導、③管理栄養士が行う栄養指導、④歯科衛生士等が行う歯科衛生指導

■ 担当者

| 医師 | 歯科医師 | 薬剤師 | 管理栄養士 | 歯科衛生士等 |

運営基準と介護報酬

- サービスの提供に要する交通費の支払いを、通常の事業の実施地域であるか否かにかかわらず、利用者から受けることができる

■ 主な加算

疼痛緩和のために使われる麻薬の投薬が行われている利用者へ薬学的管理指導を行った場合

関連キーワード ●●●●●●●●●●●●●●●●●●●●●●●●●●●●●

- **介護支援専門員との連携**…医師・歯科医師、薬剤師が介護支援専門員に必要な情報提供を行うことは必須であり、介護報酬の算定要件のひとつとなっている

利用者の自宅での生活を支えるうえで、介護支援専門員と主治医などとの連携はとても大切だね

すっきりnavi

■担当者別サービスの内容

❶医師・歯科医師が行う医学的管理指導	• 利用者や家族に居宅サービスの利用に関する留意事項や介護方法、療養上必要な事項について指導や助言 • 居宅介護支援事業者や居宅サービス事業者に居宅サービス計画作成等に必要な情報提供・助言（原則としてサービス担当者会議への出席、出席できない場合は原則として文書の交付により行う）
❷薬剤師が行う薬学的管理指導	• 医師または歯科医師の指示（薬局の薬剤師の場合は医師・歯科医師の指示に基づき策定された薬学的管理指導計画）に基づく薬学的管理や指導 • 居宅介護支援事業者や居宅サービス事業者に居宅サービス計画作成等に必要な情報提供・助言（原則としてサービス担当者会議への出席、出席できない場合は原則として文書の交付により行う）
❸管理栄養士が行う栄養指導	医師の指示に基づく栄養管理に関する情報提供や助言・指導
❹歯科衛生士等（保健師、看護師、准看護師を含む）が行う歯科衛生指導	訪問歯科診療を行った歯科医師の指示および歯科医師の策定した訪問指導計画に基づく口腔内の清掃や有床義歯の清掃に関する指導

☑ 理解度チェック

☐1 通院が困難な利用者が対象となる。

☐2 サービスの内容には、言語聴覚士による支援も含まれる。

☐3 サービスの内容には、看護師が行う歯科衛生指導も含まれる。

解答

1. ○／ 2. ✕ 含まれない／ 3. ○

通所リハビリテーションの内容

■ サービスの内容

- 病状が安定期にある要介護者に介護老人保健施設、介護医療院や病院・診療所に通ってきてもらい、理学療法や作業療法、その他必要なリハビリテーションを行うサービス
- 送迎、健康チェック、入浴介助（必要な場合）、排泄介助、食事介助、リハビリテーション、レクリエーション、必要に応じ家屋調査や住宅改修、福祉用具などの提案や調整など

■ 担当者

医師	理学療法士・作業療法士・言語聴覚士	看護師

准看護師	介護職員

運営基準と介護報酬

- 通所リハビリテーション計画は、診療や運動機能検査、作業能力検査などに基づき、医師および理学療法士などの従業者が共同して作成する。サービスの実施状況や評価は診療記録に記載
- 管理者は、医師・理学療法士・作業療法士・言語聴覚士または専らサービスの提供にあたる看護師のうちから選任した者に、必要な管理を代行させることができる
- 基本報酬は、事業所の規模に応じ、所要時間別（7区分）、要介護度別に単位が定められる

■ 主な加算 （通所リハビリテーションの場合）

認知症短期集中リハビリテーション実施加算（認知症の利用者への退院・退所日または通所開始日から3か月以内のリハビリテーションを評価）※
若年性認知症利用者受入加算（個別の担当者を定めサービスを提供した場合）
栄養改善加算（管理栄養士による栄養改善サービスの実施などを評価）

※介護予防サービスにはなし

すっきりnavi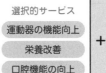

■ 介護予防通所リハビリテーション

介護予防通所リハビリテーション

選択的サービス
- 運動器の機能向上
- 栄養改善
- 口腔機能の向上

+

共通的サービス
・日常生活上の支援
・生活行為向上支援
・リハビリテーション

介護報酬
- 定額の基本報酬に運動器機能向上加算、栄養改善加算、口腔機能向上加算という選択的サービスを加算できる（組み合わせて実施した場合、選択的サービス複数実施加算を算定）
- 利用終了者の要支援状態の維持・改善割合が一定以上になった場合には、事業所評価加算

運営基準
- 1か月に1回の指定介護予防支援事業者への報告、サービス提供期間終了までに少なくとも1回のモニタリングとその記録
- 緊急時マニュアルの作成、安全管理体制の確保

☑ 理解度チェック

☐ 1 サービス担当者は、理学療法士、作業療法士にかぎられる。

☐ 2 個別リハビリテーションは行われない。

☐ 3 若年性認知症利用者受入加算が設定されている。

解答

1. ✕ かぎられない／ 2. ✕ 行われる／ 3. ○

63 短期入所療養介護

▶関連 7、74

短期入所療養介護の内容

■サービスの内容

- 病状が安定期にある在宅の要介護者に介護老人保健施設、介護医療院などに短期間入所してもらい、看護や医学的管理下における介護、機能訓練、その他必要な医療、日常生活上の世話を提供するサービス
- 具体的には、疾病に対する医学的管理、リハビリテーション、介護・看護、緊急時の受け入れ、急変時対応やターミナルケアなどを行う
- 介護者の負担軽減

■担当者

介護職員 　 看護職員 　 など（施設の人員基準を満たすもの）

運営基準と介護報酬

- おおむね4日以上入所する利用者に、短期入所療養介護計画を作成
- 利用者の負担により、従業者以外の者に介護や看護を受けさせてはならない
- 身体的拘束等の禁止（→P210）
- 検査、投薬、注射、処置などは、利用者の病状に照らして妥当適切に行う
- 災害、虐待などのやむを得ない場合を除き、利用定員を超えてサービスを行ってはならない
- 介護報酬の算定は連続30日までで、超えた分は保険給付がされない

■主な加算

緊急短期入所受入加算（居宅サービス計画にない短期入所療養介護を緊急に行った場合に、原則7日を限度に算定）※介護予防サービスはなし

🔑関連キーワード ●●●●●●●●●●●●●●●●●●●●●●●●●●

- **特定短期入所療養介護**…難病などのある中重度の要介護者やがん末期の要介護者を対象に、日中のみの日帰りのサービスを実施する

すっきりnavi

■ 短期入所療養介護と短期入所生活介護の比較

	短期入所療養介護	短期入所生活介護
提供施設	● 介護老人保健施設、介護医療院 ● 療養病床のある病院・診療所、一定の基準を満たした診療所	● 特別養護老人ホーム ● 老人短期入所施設など
利用要件	利用者の心身の状況などにより、または家族の疾病、冠婚葬祭、出張、家族の身体的・精神的な負担軽減のため一時的入所が必要	
主な利用者	医師が必要と認めた要介護者 ● 疾病のコントロールが必要 ● 医学的管理が必要 ● 認知症の行動障害などの管理など	要介護者 ● 心身状態の虚弱や悪化 ● 家族の負担軽減
サービス	看護、医学的管理下における介護、機能訓練、必要な医療、日常生活上の世話	介護、日常生活上の世話、機能訓練

介護保険での医療サービスは、すべて医師が必要と認めた場合に利用できるんだよ

☑ 理解度チェック

□ 1 ターミナルケアはサービスに含まれない。

□ 2 感染症患者は、特定短期入所療養介護の対象となる。

□ 3 家族の旅行などの私的な都合では利用できない。

解答

1. ✕ 含まれる／ 2. ✕ 難病などのある中重度の要介護者やがん末期の要介護者が対象／ 3. ✕ 家族の負担軽減のため利用できる

定期巡回・随時対応型訪問介護看護

定期巡回・随時対応型訪問介護看護の内容

■ サービスの内容

- 定期的な巡回訪問や随時通報により、訪問介護と訪問看護をひとつの事業所で一体的に行う一体型と、訪問看護事業所と連携して行う連携型がある。連携型では、下記①〜③を行う
- 具体的には、①訪問介護員等による定期巡回サービス（定期的な巡回による訪問介護）、②オペレーターによる随時対応サービス（通報を受け、訪問要否の判断、相談援助）、③訪問介護員等による随時訪問サービス（訪問要否の判断に基づく訪問介護）、④看護師等による訪問看護サービス

■ 担当者

オペレーター（看護師、介護福祉士、医師、保健師、准看護師、社会福祉士、介護支援専門員のいずれか）

計画作成責任者（オペレーターと同様の有資格者）

訪問介護員等

看護師等（看護職員＝保健師・看護師・准看護師、理学療法士等）※一体型のみ

運営基準と介護報酬

- 訪問看護サービス開始時には、主治医の指示を文書で受ける（一体型事業所のみ）
- 計画作成責任者は、看護職員のアセスメントに基づき、定期巡回・随時対応型訪問介護看護計画を作成する
- 定期巡回・随時対応型訪問介護看護計画と訪問看護報告書は、事業者が主治医に提出する
- サービス提供日時については、居宅サービス計画にかかわらず、計画作成責任者が決定することができる
- 介護・医療連携推進会議を設置する（→P214）
- 要介護度など別に、月単位の定額報酬。区分支給限度基準額の範囲内で通所サービスや短期入所サービスとの組み合わせが可能

すっきりnavi

■ 定期巡回・随時対応型訪問介護看護のサービス内容

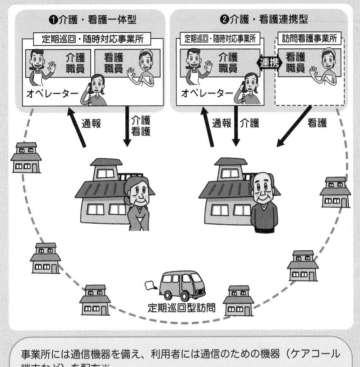

事業所には通信機器を備え、利用者には通信のための機器(ケアコール端末など)を配布※
※利用者の家庭用電話や携帯電話で代用可

☑ 理解度チェック

□ **1** オペレーターは、介護支援専門員でなくてはならない。

□ **2** 計画作成責任者は、居宅サービス計画にかかわらず、サービス提供日時を決定できる。

□ **3** 介護・医療連携推進会議を設置しなければならない。

解答

1. × 介護支援専門員にかぎられない／ 2. ○／ 3. ○

65 看護小規模多機能型居宅介護

▶関連 7、59、80

看護小規模多機能型居宅介護の内容

■ サービスの内容

- 訪問看護と小規模多機能型居宅介護を組み合わせた複合型サービス
- 通いサービスを中心として、訪問サービス、宿泊サービスを柔軟に組み合わせてサービスを提供する

■ 担当者

看護小規模多機能型居宅介護従業者 （一定数以上の看護職員配置）	介護支援専門員

運営基準と介護報酬

- 事業所の登録定員は29人以下（サテライト事業所は18人以下）
- 事業所の介護支援専門員が利用登録者の居宅サービス計画と看護小規模多機能型居宅介護計画を作成する
- 看護師等（准看護師を除く）が看護小規模多機能型居宅介護報告書を作成する
- 看護小規模多機能型居宅介護計画と看護小規模多機能型居宅介護報告書は、事業者が主治医に提出する
- 看護サービスの提供開始時には、主治医の指示を文書で受ける
- 身体的拘束等の禁止　●同居家族に対するサービス提供の禁止
- 基本報酬は要介護度など別に、月単位の定額報酬で設定されている

🔑 関連キーワード ●●●●●●●●●●●●●●●●●●●●●●●●●●●●●●

- **運営推進会議**…夜間対応型訪問介護、定期巡回・随時対応型訪問介護看護を除く地域密着型（介護予防）サービス事業者に設置される。利用者・家族、地域住民の代表者、市町村や地域包括支援センターの職員などから構成される。おおむね2か月に1回（開催頻度が異なるサービスもある）以上、活動状況を報告して評価を受け、必要な要望や助言などを聴き、会議の内容は公表する（→P214）

すっきりnavi

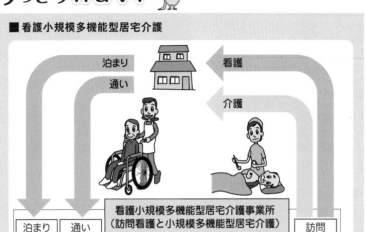

■ 看護小規模多機能型居宅介護

泊まり
通い
看護
介護

| 泊まり | 通い | 看護小規模多機能型居宅介護事業所
（訪問看護と小規模多機能型居宅介護） | | 訪問 |

 以前は複合型サービスと呼んでいましたが、2015年度から、看護小規模多機能型居宅介護と呼ぶことになりました。何の組み合わせかすぐわかりますね

☑ 理解度チェック

☐ 1 看護小規模多機能型居宅介護は、訪問介護と小規模多機能型居宅介護を組み合わせたサービスである。

☐ 2 中心となるのは通いサービスである。

☐ 3 看護小規模多機能型居宅介護は単独で利用するサービスであり、居宅サービス計画は作成されない。

解答

1. ✕ 訪問介護でなく訪問看護／ 2. ○／ 3. ✕ 区分支給限度基準額の範囲内で一定のサービスと組み合わせが可能であり、居宅サービス計画も事業所の介護支援専門員が作成

66 介護老人保健施設

▶関連 7、31、82

介護老人保健施設の内容

■ サービスの内容

> 病状が安定期にあり、主に心身機能の維持回復や居宅生活に向けた支援が必要な要介護者を対象に、施設サービス計画に基づき、①看護、②医学的管理下における介護、③機能訓練その他必要な医療、④日常生活上の世話を行う施設

■ 主な担当者

| 医師 | 薬剤師 | 介護職員 | 看護職員 | 支援相談員 |

| 理学療法士・作業療法士・言語聴覚士 | 栄養士・管理栄養士 | 介護支援専門員 |

運営基準と介護報酬

- 提供拒否の禁止。特に要介護度や所得の多寡を理由に入所を拒むことはできない
- サービスを受ける必要性の高い人の優先的入所、在宅復帰が可能か従業者で定期的に検討するなど入退所の規定（→P73）
- 入所者の病状の急変などに備え、あらかじめ協力病院を定めておく。協力歯科医療機関も定めるよう努める
- 衛生管理（感染対策委員会の設置など）
- 計画担当介護支援専門員による施設サービス計画の作成
- 身体的拘束等の禁止
- 診療の方針（検査、投薬、注射、処置などを妥当適切に行うなど）
- 基本報酬は、1日につき、ユニット型か否か、従来型か介護療養型老人保健施設か否か、居室環境、在宅復帰・在宅療養支援機能（在宅強化型・基本型・その他）、要介護度に応じ設定
- 入所者が居宅に外泊をした場合は、基本報酬の代わりに外泊時費用を1か月に6日まで算定

🔑 関連 キーワード ●●●●●●●●●●●●●●●●●●●●●●●●●●●●●●●●

● **介護老人保健施設の形態（ユニット型を除く）**…①本体施設との密接な連携を図りつつ、別の場所で運営される定員29人以下のサテライト型小規模介護老人保健施設、②介護医療院または病院・診療所に併設される定員29人以下の医療機関併設型小規模介護老人保健施設、③大都市や過疎地域に設置され、介護老人保健施設と一体となって運営される分館型介護老人保健施設、④介護療養型老人保健施設がある

すっきりnavi

■ **介護老人保健施設の役割**

包括的ケアサービス施設	リハビリテーション施設
医療と福祉のサービスを統合	集中的な生活期リハビリテーションの実施

明るく家庭的な雰囲気のもとで、高齢者の自立を支援し、家庭への復帰を目指す

在宅復帰施設	在宅生活支援施設	地域に根ざした施設
早期の在宅復帰を目指す	在宅での生活継続を支援する	介護者や地域のボランティアなどがケア技術を習得

☑ 理解度チェック

□ **1** 定員29人以下の介護老人保健施設は、地域密着型介護老人保健施設という。

□ **2** 入所者の病状の急変などに備え、あらかじめ協力病院を定めておく。

□ **3** 介護老人保健施設には、地域に根ざした施設として、地域のボランティアのケア技術の習得支援などの役割も担う。

解答

1. × 小規模介護老人保健施設／2. ○／3. ○

67 介護医療院

▶関連 7、31、66、82

介護医療院の内容

■ サービスの内容

> 病状が安定期にあり、主に長期にわたり療養が必要である要介護者を対象に、施設サービス計画に基づき、①療養上の管理、②看護、③医学的管理下における介護、④機能訓練その他必要な医療、⑤日常生活上の世話を行う

■ 主な担当者

| 医師 | 薬剤師 | 介護職員 | 看護職員 | 診療放射線技師 |

| 理学療法士・作業療法士・言語聴覚士 | 栄養士・管理栄養士 | 介護支援専門員 |

- 介護保険法上の施設だが、病院・診療所から転換した場合は、以前の名称を引き続き使用できる
- 医療法上は、医療提供施設に位置づけられる→介護老人保健施設も同様
- 介護医療院の開設者は、都道府県知事の承認を受けた医師に介護医療院を管理させなければならない（都道府県知事の承認を受ければ、医師以外の者の管理者も可）→介護老人保健施設も同様

運営基準と介護報酬

- 施設サービス計画の作成
- 身体的拘束等の禁止　●診療の方針　●協力病院
- 必要な医療の提供が困難な場合の措置等（他の医師の対診を求めるなど適切な措置を講じる）→介護老人保健施設も同様
- 介護医療院の管理者は、介護医療院に医師を宿直させなければならない（入所者に対するサービスの提供に支障がない場合を除く）
- 1日につき、Ⅰ型療養床、Ⅱ型療養床など別に、ユニット型か否か、居室環境、要介護度に応じて介護報酬の単位が設定される

146

関連キーワード ●●●●●●●●●●●●●●●●●●●●●●●●●●●●

● **医療機関併設型介護医療院**…病院・診療所に併設した介護医療院。このうち、入所定員19人以下のものを併設型小規模介護医療院という。このほか、ユニット型もある

すっきりnavi

■ 介護医療院の特徴など

	Ⅰ型療養床	Ⅱ型療養床
特徴	慢性期の医療と介護ニーズへの対応のため、医療機能に加え、生活施設としての機能を備える	
設置根拠	介護保険法 ※医療を提供するため、医療法上は医療提供施設	
開設主体	地方公共団体、医療法人、社会福祉法人など	
利用者	主として長期にわたり療養が必要である者であって、重篤な身体疾患を有する者等	Ⅰ型入所者と比べて、比較的容態が安定した者
人員基準	旧介護療養型医療施設相当の基準で配置	介護老人保健施設相当以上の基準で配置
療養室	介護老人保健施設と同様、定員は4人以下、床面積は1人あたり8㎡以上 多床室でもプライバシーに配慮し、家具やパーテーション、カーテンなどで明確に区分（カーテンのみの区分は不可）	

☑ 理解度チェック

□**1** サービス内容に日常生活上の世話は含まれない。

□**2** 重篤な身体疾患を有する要介護者は入所対象とならない。

□**3** 療養室の床面積は、介護老人保健施設と同様に1人あたり8㎡以上である。

解答

1. ✕ 含まれる／2. ✕ 重篤な身体疾患を有する要介護者も対象となる（Ⅰ型療養床）／3. ◯

得点アップを目指そう！

過去問を解いて傾向をつかむ

　過去問題は、出題者が問いたい「ポイント」の宝庫です。解いたら必ず復習をしてください。特に「誤り」の選択肢に着目してみると、ケアマネジャー試験の傾向や切り口が見えてきます。例外はありますが、多くは問いたいことがストレートです。枝葉末節な部分にとらわれることなく、原則的なこと、大切なことを覚えていきましょう。

覚えることに強弱をつける

　ケアマネジャーの「基本姿勢」や福祉や介護の「理念」「考え方」などは、難解な問題は出しにくく、多くの方にとって、得点源となるはずです。

　まず、確実な知識が必要とされるものに力を入れて覚えていきましょう。特に介護支援分野では、「指定居宅介護支援事業者」のように、同じような漢字がたくさんあり、混乱してしまうかもしれません。しかし、「指定」「居宅介護支援」「事業者」のように分解して考えると、意味のある言葉が、ある法則をもって組み合わさっていることがわかります。漢字の意味をじっくり考えながら、イメージをもって覚えていくとよいでしょう。

ニュースにもアンテナをはって

　医療の世界も、日々進んでいます。認知症の治療薬のこと、高齢者に関連するワクチンのことなども試験に出ますので、ふだんから社会の情勢にもアンテナをはっておきましょう。

> ケアマネジャー試験は、努力すれば受かる試験です。スキマ時間も活用して頑張りましょう

第 **3** 章

福祉サービス分野
21 テーマ

相談面接の基本姿勢

■ バイステックの7原則

個別化　　意図的な感情表出への配慮　　非審判的な態度

受容と共感　　統制された情緒的関与　　自己決定の支援　　秘密の保持

コミュニケーションで必要な技術

● 傾聴…クライエントが伝えようとすることを心を傾けて聴く

■ 傾聴の過程

予備的共感	面接前に得られた情報から、クライエントへの共感的な姿勢を準備する
観察	面接でのクライエントの反応や部屋の様子を観察する
波長合わせ	クライエントの意思や感情を繰り返し確認しながら、相互の理解の修正をし、相互理解を深めていく

● 表情、しぐさ、視線、声の調子、服装などによる非言語的コミュニケーションを活用する

● 励ましや要約などで、課題に焦点をしぼり、問題を明確化していく一方で、クライエントを問題に直面させたり、異なった視点からの助言や提案を行う技術も必要

🔑 関連キーワード ●●●●●●●●●●●●●●●●●●●●●●●●●●●●●●●

● **オープンクエスチョン（開かれた質問）**…相手の自由な答えを引き出す質問形式で、傾聴での基本だが、方向性が定まらなくなったり、クライエントが混乱したりした場合は、「はい」「いいえ」などで答えられるクローズドクエスチョン（閉じられた質問）も有効

すっきりnavi

■ 相談面接の過程

開始(インテーク)	クライエントの主訴を傾聴し、支援機関の機能や提供可能なサービスを説明する。ラポール（援助者とクライエントとの信頼関係）形成を基にした協働作業の始まり
アセスメント	情報の収集（観察、面接、他職種からなどの情報）と問題規定（解決する問題、クライエント、取り巻く環境およびそれらの相互関係を確定し評価）
契約	課題を明らかにし、援助に関する合意をする。クライエントの自己決定を保障し、積極的参加を促す
援助計画	援助計画の目標は、長期、短期などの期間ごとに立て、わかりやすく具体的なものとする。多職種連携ではチームの役割分担を明確にする
実行・調整・介入	目標の達成に向け、さまざまな介入技法を用いてクライエントや環境の変化を導く
援助活動の見直し・過程評価	クライエントや環境の変化などに応じ、援助活動の見直し、評価をし、チームによる検討やスーパービジョンなどを通じて介入方法を再検討する
終結	終結に伴うクライエントの不安に配慮し、共感的理解を伝えるとともに、今後のフォローアップなども説明する
フォローアップ・事後評価・予後	フォローアップや事後評価（スーパービジョンを受けるなど）を行い、その結果はクライエントや援助関係者にフィードバックする。クライエントの予後を把握する

福祉サービス分野

 インテーク面接は、1回とはかぎらず、複数回行われることもあります

☑ 理解度チェック

□1 コミュニケーションでは、非言語的なコミュニケーションも活用する。

□2 インテーク面接は、開始段階のため1回で終わらせなければならない。

解答

1. ○／2. × 複数回行うこともある

69 ソーシャルワーク

▶関連 68、70

ソーシャルワークの概要

- ●ソーシャルワークは、生活をするうえで何らかの困難を抱えている人への支援方法である
- ●ソーシャルワークでは、人と環境の別々に働きかけるのではなく、両者を相互に作用しあう一体的なシステムとしてとらえ、その相互作用しあう接点に働きかけて両者の適合性を高めていく
- ●ソーシャルワークを対象範囲などで整理すると、①ミクロ・レベル、②メゾ・レベル、③マクロ・レベルに分けられる

■ ソーシャルワークの種類

ミクロ・レベルのソーシャルワーク（個別援助）	
対象範囲	個人・家族
支援方法	地域の多様な社会資源を活用・調整し、相談面接などを通して、相談ニーズを抱える個人や家族の生活課題を個別的に解決する方法
メゾ・レベルのソーシャルワーク（集団援助）	
対象範囲	グループ、地域住民、身近な組織
支援方法	グループや人と身近な組織との力動を活用して、個人の成長や抱える問題の解決を目指す方法
マクロ・レベルのソーシャルワーク（地域援助）	
対象範囲	地域社会、組織、国家、制度・政策、社会規範、地球環境
支援方法	地域社会や制度、政策などに働きかけ、それらの社会変革を通して、個人や集団に対するニーズの充足を目指す方法

🔑 関連キーワード ●●●●●●●●●●●●●●●●●●●●●●●●●●●

- ●ジェネラリスト・ソーシャルワーク…課題全体の関連性を把握し、ミクロ・メゾ・マクロの各領域にまたがる多様な支援方法を選び、統合的に展開するソーシャルワーク

すっきりnavi

■ ソーシャルワークの実践例

個別援助	● 福祉事務所で行われる、社会福祉主事による生活保護の相談面接 ● 地域包括支援センターの社会福祉士による高齢者を虐待する家族への相談面接
集団援助	● 精神科クリニックで行われる、アルコール依存症の当事者による分かち合いの体験 ● 地域包括支援センターによる、介護に悩む家族を対象とした交流活動 ● 通所介護で計画的に実施する誕生会でのゲームなどのレクリエーション活動
地域援助	● 特別養護老人ホームの入居者と地域住民との交流を目的とした夏祭りのためのボランティアの募集 ● 精神障害者の地域移行のための病院や障害福祉サービス事業者、不動産会社等のネットワークの構築 ● 震災被災者に対するボランティアを組織化し、サービス提供のしくみを構築

集団援助や地域援助の具体例がよく問われるので、イメージできるようにしておこう

☑ 理解度チェック

□ **1** 個別援助は、クライエントとの相談面接が中心となる。

□ **2** 地域包括支援センターで行われる介護家族との相談面接は、集団援助である。

□ **3** 福祉サービス利用のための相談窓口設置は、地域援助に含まれる。

解答

1. ○／ 2. × 個別援助である／ 3. ○

70 支援困難事例

▶関連 68、69

支援困難事例への対応

- 支援困難事例は、①本人要因、②社会的要因、③サービス提供者側の要因の3つの要因が複合的に重なって発生する

■ 発生要因

本人要因		社会的要因		サービス提供者側の要因
不安、意欲の低下、疾病など	＋	虐待、孤立、社会資源の不足など	＋	ニーズとケアプランの乖離（かいり）など

↓

支援困難事例の発生

基本的な視点

- 「価値」に基づいた援助を実践する
- 本人のこれまでの人生、人生観、生き方、価値観などについて理解を深め、本人が自らの存在を尊重できるよう働きかける

🔑 関連キーワード ●●●●●●●●●●●●●●●●●●●●●●●●●●●●●●

- **価値**…対人援助の専門職が支援を行うにあたり、共通にもっておくべき価値基盤であり、援助を方向づける理念、思想、哲学

☑ 理解度チェック

□ **1** 支援困難事例は、すべて本人の要因により発生する。

□ **2** 支援困難な高齢者に対しては、本人の価値観への理解を深めることが必要である。

□ **3** 援助者は、本人が自らの「存在」を尊重できるように働きかける。

解答

1. ✕ 本人要因、社会的要因、サービス提供者側の要因が複合的に重なり発生／
2. ○／ 3. ○

すっきりnavi

■支援困難事例への対応のポイント

本人要因	●心理的要因→高齢者自身が必要な支援を求めないセルフ・ネグレクトの場合がある。支援拒否の要因・背景を探り、信頼関係を構築する。本人が信頼するキーパーソンを通して支援につなげるのも有効 ●身体的・精神的要因→医療スタッフとの連携・協働、障害者福祉制度、成年後見制度など複数の制度の活用
社会的要因	●家族・親族との関係→虐待事例に注意する。一人ひとりの考え方、感情、生活様式、関係性を理解する ●地域との関係→孤立、周囲とのトラブルがある場合は、適度なプライバシーを確保しながら、相互に支え合う関係性を築けるよう支援 ●社会資源の不足→地域ケア会議の活用など
サービス提供者側の要因	●本人との援助関係の不全→援助者としての知識とスキルを活用して信頼関係を形成 ●チームアプローチの機能不全→地域包括支援センターとの連携 ●ニーズとケアプランの乖離→支援困難な状況を分析

福祉サービス分野

支援困難事例では、多機関・多職種と連携して問題を解決していくことが大切。特に地域包括支援センターは、介護支援専門員の強い味方になります

訪問介護の内容

■ サービスの内容

- 介護福祉士などが、要介護者の居宅を訪問して、入浴、排泄、食事などの介護、調理、洗濯、掃除などの家事、生活などに関する相談・助言、その他の必要な日常生活上の世話を行うサービス
- サービスは身体介護と生活援助に分けられ、生活援助は一人暮らしか、同居家族に障害や疾病がある場合、または同様のやむを得ない事情がある場合にのみ、利用することができる

■ 担当者

訪問介護員等　　　　サービス提供責任者

運営基準

- 訪問介護員等自身の同居家族への訪問介護の禁止
- サービス提供責任者は、利用申込の調整、訪問介護計画の作成、居宅介護支援事業者などとの連携、訪問介護員等の業務管理、研修、居宅介護支援事業者等への利用者の服薬状況・口腔機能などの心身の状態・生活の状況について必要な情報提供などを行う
- 管理者は、事業所の従業者や業務の管理・統括、従業者に運営基準を遵守させるための指揮命令を行う
- 事業者は介護支援専門員等に対し、利用者に必要のないサービスを位置づけるよう求めるなど不当な働きかけを行ってはならない

介護報酬

- 区分…①身体介護中心（20分未満、20分以上30分未満、30分以上1時間未満、1時間以上の4区分）、②生活援助中心（20分以上45分未満、45分以上の2区分）、③通院などのための乗車または降車の介助中心

すっきりnavi

■ 身体介護と生活援助の内容

身体介護	生活援助
● 食事、排泄、入浴、清拭、洗髪、整容の介助 ● 就寝・起床の介助、体位変換 ● 移乗・移動、通院・外出の介助 ● 服薬介助 ● 自立生活支援・重度化防止のための見守り的援助（利用者と一緒に行う家事など） ● 流動食、糖尿病食など特段の専門的配慮をもって行う調理	● 衣類の洗濯・補修 ● 住居の掃除、ごみ出し、片づけ ● 買い物 ● 薬の受け取り ● ベッドメイク ● 一般的な調理・配下膳
下記は身体介護として行えない	下記は生活援助として行えない
✕ 医行為（褥瘡の処置、摘便、膀胱洗浄など） ※一定の研修を受けた介護職員等は、痰の吸引、経管栄養の行為は業務として実施可能 ※体温測定、血圧測定、軽微なすり傷・やけどの処置などは医行為にあたらないため可能	✕ 直接本人の援助に該当しない行為（家族などへの生活援助、主に利用者が使用する居室等以外の掃除、来客の応接など） ✕ 日常生活の援助に該当しない行為（ペットの世話、日常の家事の範囲を超える大掃除、花木の水やり、園芸など）

福祉サービス分野

各サービスに共通する運営基準や介護報酬、医行為にあたらない行為は、資料編（P194 ～）も確認してね！

☑ 理解度チェック

□ 1 管理者が訪問介護計画を作成する。

□ 2 医師の指示を受ければ、介護福祉士が褥瘡の処置を行うことができる。

□ 3 家族への調理は、生活援助として算定できない。

解答

1. ✕ サービス提供責任者／ 2. ✕ できない／ 3. ○

72 訪問入浴介護

▶関連 7

※特に注釈のない場合は介護予防サービスでも趣旨は同様（以下サービス同）

訪問入浴介護の内容

■ サービスの内容

- 要介護者の居宅を訪問し、浴槽を提供して入浴の介助を行う
- ターミナル期にある人、感染症にかかっている人、医療器具をつけている人などにも対応する（主治医の意見を確認）
- 清潔保持、爽快感、褥瘡の予防や改善など、疾病予防の効果もある

■ 担当者

看護職員（看護師・准看護師）　　　介護職員

運営基準

- 特別な浴槽水の費用は、別途徴収できる
- 緊急時などの対応…すみやかに主治医やあらかじめ定めた協力医療機関へ連絡する
- 浴槽など利用者の身体に直接接触する設備、器具は利用者1人ごとに消毒する。タオルなどは、利用者1人ごとに取り替える

介護報酬

- 区分…1回ごとに算定
- 加算…初回加算、認知症専門ケア加算など
- 減算…介護職員が3人（介護予防は介護職員2人）で全身浴を行った場合、清拭または部分浴を行った場合、同一建物等居住者の減算

🔑 関連キーワード ●●●●●●●●●●●●●●●●●●●●●●●●●●●●●●●●●●●

- 入浴の三大作用…温熱作用（身体を温め、血行促進）、静水圧作用（身体が水圧を受け、心臓の動きが活発になる）、浮力・粘性作用（浮力と水の粘性による負荷により運動効果を助長）

すっきりnavi

■ 訪問入浴介護と介護予防訪問入浴介護の相違点

	訪問入浴介護	介護予防訪問入浴介護
人員基準	看護職員が1人以上、介護職員が2人以上 （従業者のうち1人以上常勤）	看護職員が1人以上、介護職員が1人以上 （従業者のうち1人以上常勤）
運営基準	・1回ごとのサービスは原則的に看護職員1人と介護職員2人で行い、3人のうち1人をサービス提供の責任者とする ・利用者の身体の状況から支障がない場合は、主治医の意見を確認したうえで、介護職員3人で行うことができる	・1回ごとのサービスは原則的に看護職員1人と介護職員1人で行い、2人のうち1人をサービス提供の責任者とする ・利用者の身体の状況から支障がない場合は、主治医の意見を確認したうえで、介護職員2人で行うことができる
介護報酬	介護職員が3人で全身浴を行った場合に減算	介護職員が2人で全身浴を行った場合に減算

サービスの担当者の数や介護職員だけでサービスを行う場合の減算は、よく出題されているよ！

☑ 理解度チェック

□ **1** 感染症にかかっている人や医療器具をつけている人でも利用できる。

□ **2** 清拭や部分浴も行うことができる。

□ **3** 介護予防訪問入浴介護では、利用者の身体の状況により、介護職員3人でサービスを行うことができるが、減算となる。

解答

1. ○／ 2. ○／ 3. × 介護職員2人の場合に減算

73 通所介護・地域密着型通所介護

▶関連 7、79

通所介護と地域密着型通所介護

■ サービスの内容など

	通所介護	地域密着型通所介護
指定	都道府県知事	市町村長
サービス	老人デイサービス事業を行う施設または老人デイサービスセンターに通ってきてもらい、入浴、排泄、食事などの介護、生活などについての相談・助言、健康状態の確認、その他の必要な日常生活上の世話や機能訓練を行う	
利用定員	19人以上	18人以下

■ 担当者

生活相談員　　介護職員　　看護職員　　機能訓練指導員

運営基準

● 地域密着型通所介護には、運営推進会議が設置される
● 通所介護計画、地域密着型通所介護計画は、いずれも管理者（介護支援専門員のとりまとめが望ましい）が作成する

介護報酬

● 基本報酬は、通所介護では事業所の規模（通常規模型、大規模型Ⅰ、大規模型Ⅱ）に応じ、所要時間別（6区分）、要介護度別に設定
● 送迎時に実施した居宅内での介助などに要する時間は、1日30分を限度にサービスの所要時間に含めることができる

🔑 関連キーワード ●●●●●●●●●●●●●●●●●●●●●●●●●●●●●●

● **宿泊サービス**…事業所の設備を使って介護保険外の宿泊サービスを行う場合は、指定を行った都道府県知事（地域密着型は市町村長）にあらかじめ届出を行う

すっきりnavi

■療養通所介護の特徴

対象	難病などにより重度の介護を必要とする、またはがん末期の要介護者で、サービス提供にあたり常時看護師による観察が必要な人
人員基準	・利用者1.5人につき1人以上の看護職員または介護職員（1人以上は常勤専従の看護師） ・管理者は常勤専従の看護師
設備・運営基準	・専用の部屋の面積を6.4㎡×利用定員以上とする ・事業所の利用定員は18人以下 ・管理者（看護師）の作成する療養通所介護計画に基づき、サービスを行う。居宅サービス計画および訪問看護計画の内容と整合を図る ・同一の敷地内か近くの場所に緊急時対応医療機関を定めておく ・安全・サービス提供管理委員会を設置し、おおむね6か月に1回以上開催し、安全かつ適切なサービスを提供するための方策について検討し、対策を講じる ・運営推進会議の設置、地域住民やボランティアなどとの連携や協力など
介護報酬	月単位の定額報酬。入浴介助を行わない場合、サービス提供が過少である場合は減算

療養通所介護は福祉サービスに分類されますが、看護職員の割合が高く、介護報酬も高く設定されています

☑ 理解度チェック

□1 通所介護事業所の利用定員は、12人以上である。

□2 通所介護計画は、介護支援専門員が作成しなければならない。

□3 療養通所介護計画は、訪問看護計画との整合性も必要とされる。

解答

1. ✕ 19人以上／ 2. ✕ 介護支援専門員のとりまとめが望ましいが、必ずではない／ 3. ○

74 短期入所生活介護

▶関連 7、63

短期入所生活介護の内容

■ サービスの内容

- 在宅の要介護者に老人短期入所施設や特別養護老人ホームなどに短期間入所してもらい、入浴、排泄、食事などの介護、その他の日常生活上の世話や機能訓練を提供するサービス
- 心身状態の虚弱化、家族の疾病、冠婚葬祭、出張など、家族の身体的・精神的な負担軽減を図るため一時的に在宅での日常生活に支障がある要介護者が対象となる

■ 担当者

| 医師 | 生活相談員 | 介護職員・看護職員 | 栄養士 | 機能訓練指導員 |

運営基準

- おおむね4日以上の継続利用者に管理者（介護支援専門員のとりまとめが望ましい）が短期入所生活介護計画を作成する
- 利用者の負担により、従業者以外の者による介護を受けさせてはならない。常時1人以上の介護職員を介護に従事させる
- 身体的拘束等の禁止
- 利用者の病状が急変した場合などは、主治医やあらかじめ定めた協力医療機関などに連絡する
- 入浴または清拭は、1週間に2回以上行う

介護報酬

- 基本報酬は、単独型（利用定員20人以上）と併設型（利用定員20人未満でも可）の別、従来型とユニット型の別、要介護度別に区分された単位が設定され、1日につき算定される

● **単独型・併設型・空床利用型**…事業所の区分。併設型は、特別養護老人ホームなどに併設された事業所で、空床利用型（介護報酬上は併設型に分類）は特別養護老人ホームの空きベッドを利用するもの。さらに、従来型とユニット型に分けられ、設備基準が異なる

● **ユニット型**…介護保険施設において導入されている。入居者をおおむね10人以下で15人を超えない人数のユニット（共同生活室と近接する少数の居室により一体的に構成）に分け、少人数の家庭的な雰囲気を生かしたケアを行う

すっきりnavi

■ **ユニット型の設備・職員配置**

	ユニット型
居室	• 定員1人（必要な場合は2人） • 1人あたり床面積10.65㎡以上　2人居室は21.3㎡以上
職員配置	• 介護職員または看護職員（昼間はユニットごとに常時1人以上を配置、夜間・深夜は2ユニットごとに1人以上） • ユニットごとに原則常勤のユニットリーダーを配置

☑ **理解度チェック**

□ **1** 家族の冠婚葬祭といった私的な理由でも、利用できる。

□ **2** 短期入所生活介護計画は、利用日数にかかわらず必ず作成される。

□ **3** 短期入所生活介護は居宅サービスであり、身体的拘束等の禁止の規定はない。

解答

1. ○／2. ✕ おおむね4日以上の継続利用で作成／3. ✕ ある

75 特定施設入居者生活介護

▶関連 7

特定施設入居者生活介護の内容

■ サービスの内容

> 特定施設（有料老人ホーム、軽費老人ホーム、養護老人ホーム）に入居している要介護者に、入浴、排泄、食事などの介護、洗濯、掃除などの家事、生活などに関する相談・助言、その他の必要な日常生活上の世話、機能訓練、療養上の世話を行うサービス

■ 担当者

| 生活相談員 | 介護職員・看護職員 | 機能訓練指導員 |

| 計画作成担当者（介護支援専門員） |

運営基準

- 計画作成担当者が特定施設サービス計画を作成する
- サービス内容の説明と契約の締結を文書により行う
- 契約にあたっては、利用者の権利を不当に侵す契約解除条件を定めてはならない
- 入居者が希望する場合に、ほかの介護サービスを利用することを妨げてはならない
- あらかじめ協力医療機関を定めておく
- おむつ代その他日常生活費、一定の手厚い人員配置による介護サービスや個別的な選択による介護サービスの費用は別途徴収できる

介護報酬

- 基本報酬は、一般型の特定施設入居者生活介護のほか、外部サービス利用型、短期利用の単位も設定され、要介護度別に（外部サービス利用型を除く）、1日につき算定される

● **外部サービス利用型特定施設入居者生活介護**…特定施設サービス計画など基本サービス以外の介護サービスについて、特定施設が契約した外部のサービス事業者から受けるもの

● **有料老人ホームの入居者保護**…家賃、敷金、介護などの日常生活上必要な費用を除き、権利金などの受領は禁止されている。また、家賃などを前払いとして受領する場合は、その算定根拠を書面で明示するなどの措置が義務づけられている

すっきりnavi

■ 特定施設の特徴

有料老人ホーム	高齢者に入浴、排泄、食事の介護、食事の提供など日常生活上必要な便宜を提供する施設
軽費老人ホーム	無料または低額な料金で高齢者を入居させ、日常生活上必要な便宜を提供する。ケアハウス（自炊ができない程度の身体機能低下のある高齢者が対象）への一元化が進んでいる
養護老人ホーム	環境上および経済的理由により、自宅で養護を受けることが困難な高齢者を措置により入所させる施設

福祉サービス分野

☑ 理解度チェック

□ **1** 養護老人ホームは、特定施設入居者生活介護事業者の指定を受けることができる。

□ **2** 手厚い人員配置などについて、1割（または2割か3割）の利用者自己負担とは別に、利用者から別途費用を請求できる。

□ **3** 有料老人ホームでは、入居時の権利金などの受領が認められている。

解答

1. ○／ 2. ○／ 3. ✕ 禁止されている

▶関連 7、77

福祉用具の内容

■目的

身体の機能の補完　生活の活性化　生活動作の自立　介護者の心身の負担の軽減

■サービスの内容

- 福祉用具貸与
  指定事業者が福祉用具を貸し出すサービス。費用の９割（または８割か７割）を現物給付
- 特定福祉用具販売
  指定事業者から特定福祉用具を購入した場合に償還払いで保険給付（支給限度基準額は、同一年度で10万円、原則同一種目１回の給付）

■担当者

福祉用具専門相談員

運営基準

- 福祉用具専門相談員が、福祉用具に関する相談を受け、目録などの文書によって福祉用具についての機能や使用方法、利用料、全国平均貸与価格などの情報提供をし、貸与にかかる同意を得る。福祉用具の点検、使用方法の指導、必要な場合は修理などを行う
- 福祉用具専門相談員は、福祉用具貸与では福祉用具貸与計画、特定福祉用具販売では特定福祉用具販売計画を作成する

🔑 関連キーワード ●●●●●●●●●●●●●●●●●●●●●●●●●●●●●

- **全国平均貸与価格**…国が商品ごとに全国平均貸与価格を公表し、貸与価格に上限額を設けている
- **減額貸与**…複数の福祉用具を貸与する場合は、通常の貸与価格から減額して貸与することが可能

すっきりnavi

■ 福祉用具貸与の種目

①車いす　　②車いす付属品　　③特殊寝台
④特殊寝台付属品　⑤床ずれ防止用具　⑥体位変換器
⑦手すり（工事を伴わないもの）
⑧スロープ（工事を伴わないもの）　⑨歩行器
⑩歩行補助杖　　⑪認知症老人徘徊感知機器
⑫移動用リフト（つり具の部分を除く）⑬自動排泄処理装置

※①～⑥、⑪～⑬は、要支援者、要介護１の人（⑬は、要介護２・３の人も含む）は一定の例外となる場合を除き、給付されない

■ 特定福祉用具販売の種目

①腰掛便座　　　　②自動排泄処理装置の交換可能部品
③排泄予測支援機器　④入浴補助用具
⑤簡易浴槽　　　　⑥移動用リフトのつり具の部分

福祉用具の種類は、資料編（P216、217）も確認しておいてください

☑ 理解度チェック

□ **1** 特定福祉用具販売では、要支援者の場合、給付対象とならないものがある。

□ **2** 自動排泄処理装置は、福祉用具貸与の給付対象である。

□ **3** 工事を必要とする手すりは、福祉用具貸与の給付対象である。

解答

1. × 福祉用具貸与について、軽度者に利用制限がある／ 2. ○／ 3. × 給付対象外。住宅改修の対象

167

77 住宅改修

▶関連 7、76

住宅改修の内容

■ サービスの内容

- 一定の住宅改修を行った場合に、改修費の9割（または8割か7割）が償還払いで支給される
- 支給限度基準額は、居住する住宅について20万円。転居した場合は、再度支給が受けられる。また、同一住宅であっても、最初に支給を受けた住宅改修の着工時点と比較して、要介護状態区分を基準とした介護の必要の程度が著しく高くなった場合（3段階以上）は、1回にかぎり再度支給が受けられる

利用の手順

■ 市町村への事前申請と事後申請

事前申請
書類 支給申請書、住宅改修が必要な理由書、工事費見積もり書、住宅改修後の完成予定の状態を確認できるものなど

▼

事後申請
書類 領収書、工事費内訳書、完成後の状態が確認できる書類

▼

市町村による支給決定

住宅改修に、指定事業者はありません。事前申請をして、市町村に適切な工事か審査してもらうしくみが取り入れられているのです

🔑 **関連キーワード** ●●●●●●●●●●●●●●●●●●●●●●●●●●●●●●●●●●

● **住宅改修が必要な理由書**…改修が必要な理由を記載。基本的に居宅
介護支援事業、または介護予防支援事業の一環として作成する

すっきりnavi

■ **住宅改修の対象と給付対象外（×）の例**

手すりの取りつけ	廊下、便所、浴室、玄関、玄関から道路までの通路に設置。取りつけのための壁の下地補強も対象
	×工事を伴わない手すりは福祉用具貸与
段差の解消	居室、廊下など各室間の床段差解消、玄関から道路までの通路の段差解消、通路などの傾斜の解消。スロープの設置など。段差解消に伴う給排水設備工事、転落防止柵の設置も対象
	×動力により段差を解消する機器（段差解消機、昇降機、リフトなど）を設置する工事は対象外 ×工事を伴わないスロープは福祉用具貸与
床または通路面の材料の変更	居室などの床材変更と玄関から道路までの通路の材料の変更。変更に伴う下地補修や根太の補強、路盤の整備も対象
洋式便器などへの取り替え	和式便器の洋式便器（暖房便座、洗浄機能付きを含む）への取り替え、便器の位置・向きの変更。これらに伴う給排水設備工事、床材の変更も対象
	×暖房や洗浄機能を付加するだけの場合は対象外 ×水洗式洋式便器への取り替えにおける水洗化工事も対象外

福祉サービス分野

住宅改修は、給付対象とならないものも理解しておいて！

☑ **理解度チェック**

□ **1** 住宅改修が必要な理由書は、本人のほか家族が作成することができる。

□ **2** 段差解消機を設置する工事は、住宅改修の給付対象である。

□ **3** 通路などの傾斜の解消は、給付対象である。

解答

1. ✗ 介護支援専門員などが作成／ 2. ✗ 対象外／ 3. ○

169

78 夜間対応型訪問介護

▶関連 7、64、71

夜間対応型訪問介護の内容

■ サービスの内容

- 介護福祉士などが夜間に定期的に要介護者の居宅を巡回し、または随時通報を受けて、居宅において入浴、排泄、食事などの介護、生活などに関する相談・助言、その他必要な日常生活上の世話を行うサービス
- 具体的には、①定期巡回サービス、②オペレーションセンターサービス、③随時訪問サービスが一括して提供される

■ 担当者

オペレーションセンター従業者（オペレーションセンターサービスを行う）

- オペレーター（看護師、准看護師、介護福祉士、医師、保健師、社会福祉士、介護支援専門員）
- 面接相談員（オペレーターと同様の資格または同等の知識経験を有する者）

訪問介護員等（定期巡回サービス、随時訪問サービスを行う）

運営基準など

- 夜間（最低限22時から6時までの間を含み、各事業所で設定）にサービスを提供
- オペレーションセンター従業者が夜間対応型訪問介護計画を作成
- 随時訪問サービスを適切に行うため、オペレーションセンター従業者は、利用者の面接と1か月から3か月に1回程度の利用者の居宅への訪問を行う
- 必要な場合は、利用者の利用する指定訪問看護ステーションへの連絡を行う
- 利用者から合鍵を預かる場合は、その管理を厳重にし、管理方法、紛失した場合の対処方法など必要な事項を記載した文書を交付する
- 介護報酬…オペレーションセンターを設置する場合は月単位の基本報酬額に加え、定期巡回サービス・随時訪問サービスそれぞれに1回ごとの単位を算定、設置しない場合は月単位の定額報酬を算定

●**オペレーションセンター**…通常の事業の実施地域内に、1か所以上設置することが原則である。ただし、利用者の数が少ないなどで十分対応が可能な場合は設置しないこともできる。オペレーションセンターには利用者からの通報を受け取る通信機器（携帯電話でも可）や心身の情報を蓄積できる機器を備え、利用者には通報のための端末機器（ケアコール端末、携帯電話など）を配布。なお、利用者に配布するケアコール端末の設置料、リース料、保守料の費用は利用者から徴収できない

すっきりnavi

■ 夜間対応型訪問介護の内容

定期巡回サービス	訪問介護員等が定期的に利用者の居宅を巡回して訪問介護を行う
オペレーションセンターサービス	オペレーションセンター従業者が利用者からの随時通報を受け、通報内容などをもとに、訪問の要否などを判断する
随時訪問サービス	随時の連絡に対応して、訪問介護員等が訪問介護を行う

福祉サービス分野

☑ 理解度チェック

□1 定期巡回サービスのみを行うことができる。

□2 オペレーションセンター従業者は、利用者の面接と1か月から3か月に1回程度の居宅訪問を行う。

□3 オペレーションセンターを設置しない場合は、月単位の定額報酬のみ算定できる。

解答
1. ✕ 定期巡回サービス、オペレーションセンターサービス、随時訪問サービスを一括して実施／ 2. ○／ 3. ○

認知症対応型通所介護の内容

■ サービスの内容

認知症（急性の状態にある者を除く）である要介護者に老人デイサービス事業を行う施設または老人デイサービスセンターに通ってきてもらい、入浴、排泄、食事などの介護、生活などに関する相談・助言、健康状態の確認、その他必要な日常生活上の世話や機能訓練を行うサービス

■ 担当者

生活相談員　　　介護職員　　　看護職員　　　機能訓練指導員

運営基準など

- 認知症の特性に配慮して行われるサービスであるため、一般の通所介護と一体的な形で行うことは認められていない
- 一般の通所介護と同じ時間帯で行う場合は、職員、利用者、サービス空間を明確に区別する
- 管理者が、認知症対応型通所介護計画を作成
- 利用者一人ひとりの人格を尊重し、利用者がそれぞれの役割をもって日常生活を送ることができるよう配慮する
- 運営推進会議（おおむね6か月に1回以上開催）の設置
- 地域住民やボランティアなどとの連携や協力を行う

介護報酬

- 基本報酬は、単独型、併設型、共用型ごとに、所要時間別（6区分）、要介護度別に設定
- 送迎時に実施した居宅内での介助などに要する時間は、1日30分を限度に認知症対応型通所介護の所要時間に含めることができる

すっきりnavi

■ 事業所の類型

類型	定員	形態
①単独型	• 単位ごとに12人以下	特別養護老人ホーム、養護老人ホーム、病院、診療所、介護老人保健施設、介護医療院、社会福祉施設、特定施設に併設されていない事業所
②併設型	• 単位ごとに12人以下	①の施設に併設している事業所
③共用型	• グループホームではユニットごとに、それ以外は施設ごとに3人以下 • ユニット型指定地域密着型介護老人福祉施設では、ユニットごとの入居者の数とあわせて12人以下	指定（介護予防）認知症対応型共同生活介護事業所（グループホーム）の居間や食堂、指定地域密着型特定施設や指定地域密着型介護老人福祉施設の食堂や共同生活室において、これらの事業所、施設の利用者とともに行われる

共用型は認知症対応型通所介護の特徴なので、よく覚えておいてね

☑ 理解度チェック

☐ 1 事業所の形態として、併設型のみ認められている。

☐ 2 一般の通所介護と、同一時間帯、同一空間で一体的に行うことができる。

☐ 3 介護報酬は、月ごとの包括的な報酬となっている。

解答

1. ✕ 単独型、併設型、共用型がある／ 2. ✕ できない／ 3. ✕ 事業所の形態別に、所要時間別、要介護度別に設定

▶関連 7、65、81

小規模多機能型居宅介護の内容

■ サービスの内容

> 要介護者の心身の状況やおかれている環境に応じ、また自らの選択に基づいて、居宅においてまたは機能訓練や日常生活上の世話を行うサービス拠点に通所または短期間宿泊してもらい、入浴、排泄、食事などの介護、調理、洗濯、掃除などの家事、生活などに関する相談・助言、健康状態の確認、その他の日常生活上の世話、機能訓練を行うサービス

■ 担当者

小規模多機能型居宅介護従業者　　　介護支援専門員

設備基準　　　　　　　　　　※（　）はサテライト型の場合

- 事業所の登録定員は29人（18人）以下とする
- 1日の利用定員は、通いサービスは登録定員の2分の1から15人（12人）で、登録定員が25人を超える事業所では16〜18人まで、宿泊サービスは、通いサービスの利用定員の3分の1から9人（6人）までの範囲内
- 利用者は、1か所の事業所にかぎり利用登録ができる
- 事業所は住宅地または同程度に交流の機会が得られる場所にする

運営基準

- 事業所の介護支援専門員が、事業所の登録者の居宅サービス計画と小規模多機能型居宅介護計画を作成する
- 行政機関に対する手続き代行、利用者やその家族との交流の機会の確保などを行う（社会生活上の便宜の提供）
- 利用者の負担により、従業者以外の者による介護を受けさせてはならない
- 運営推進会議を設置　　●身体的拘束等の禁止

● **事業者の代表者**…すべてのサービス事業所には、管理者の配置が義務づけられているが、小規模多機能型居宅介護、認知症対応型共同生活介護、看護小規模多機能型居宅介護では、事業者の代表者を配置しなければならない。事業者の代表者には、認知症ケアに従事した経験や厚生労働大臣の定める研修を修了していることなどが求められている

すっきりnavi

■ 小規模多機能型居宅介護と組み合わせが可能なサービス

訪問看護、訪問リハビリテーション、居宅療養管理指導、福祉用具貸与

小規模多機能型居宅介護事業所の介護支援専門員が給付管理を行います。また、福祉用具の購入や住宅改修も利用できます

通いサービスを中心に、訪問サービスや宿泊サービスを組み合わせ、柔軟にサービスを提供するよ。これに看護サービスを組み合わせたものが看護小規模多機能型居宅介護だね

☑ 理解度チェック

□ **1** 利用者は、複数の小規模多機能型居宅介護事業所の利用登録ができる。

□ **2** 運営推進会議を設置する。

□ **3** 訪問介護と組み合わせて利用ができる。

解答

1. ✕ 1か所のみ／ 2. ○／ 3. ✕ できない

福祉サービス分野

認知症対応型共同生活介護の内容

■ サービスの内容

認知症（急性の状態にある者を除く）のある要介護者に、共同生活住居において、入浴、排泄、食事などの介護、その他の日常生活上の世話、機能訓練を行うサービス

■ 担当者

介護従業者

計画作成担当者（事業所ごとに1人以上、少なくとも1人を介護支援専門員とする）

運営基準

● サービスは、事業所の計画作成担当者が作成する認知症対応型共同生活介護計画に沿って行われ、同時に居宅介護支援は行われない（短期利用の場合を除く）

● 事業者は、食材料費、理美容代、おむつ代を利用者から徴収できる

● 定期的に外部の者または運営推進会議の評価を受け、その結果を公表する

● 利用者の病状の急変に備え、あらかじめ協力医療機関を定めておく

● 利用者の負担による従業者以外の介護の禁止

● 事業所における食事その他の家事などは、可能なかぎり利用者と介護従業者が共同で行うよう努める（小規模多機能型居宅介護も同様）

● 運営推進会議の設置

● 身体的拘束等の禁止

介護報酬

● 区分…1日につき、要介護度別、ユニットの数別、通常型と短期利用（30日以内の利用期間）別

🔑 関連キーワード ●●●●●●●●●●●●●●●●●●●●●●●●●●●●●●●●●●●

●**管理者**…３年以上認知症ケアの従事経験があり、厚生労働大臣の定める研修を修了していること。常勤専従、支障なければ兼務可

●**事業者の代表者**…認知症ケアに従事または保健医療・福祉サービスの経営に携わった経験があり、厚生労働大臣の定める研修を修了していること

すっきりnavi

■ 共同生活住居（ユニット）

ユニットの設置	１つの事業所で３ユニットまで
入居定員	ユニットごとに５人以上９人以下
居室	・7.43㎡以上 ・個室が原則、処遇上必要な場合は２人部屋可
その他設備	・居間・食堂・台所・浴室、消火設備など ・居間と食堂は同一の場所とすることができる
ユニットの場所	住宅地または同程度に家族や地域住民との交流の機会が得られる場所

福祉サービス分野

☑ 理解度チェック

□**1** 事業所ごとに、計画作成担当者の配置が義務づけられている。

□**2** 認知症対応型共同生活介護計画は、居宅サービス計画の内容に沿って提供される。

□**3** 居室は、原則個室である。

解答
1. ○／2. × 単独で利用するサービス／3. ○

82 介護老人福祉施設

介護老人福祉施設の内容

■ サービスの内容

> 老人福祉法に規定された入所定員30人以上の特別養護老人ホームに入所する要介護者（原則要介護3以上）に、①入浴・排泄・食事の介護などの日常生活の世話、②機能訓練、③健康管理、④療養上の世話を施設サービス計画に基づいて行う

■ 担当者

医師　　生活相談員　　介護職員・看護職員　　機能訓練指導員

介護支援専門員　　栄養士・管理栄養士

運営基準

- サービスを受ける必要性の高い人を優先的に入所させるよう努める
- 居宅での日常生活が可能か定期的に検討し、居宅での日常生活が可能な入所者に円滑な退所のために必要な援助を行う
- 計画担当介護支援専門員による施設介護支援
- 入所者が、入院し、およそ3か月以内の退院が見込める場合には、退院後、円滑に施設に再入所できるようにしておく
- あらかじめ協力病院を定めておく
- 教養娯楽設備などを備えるほか、適宜入所者のためのレクリエーション行事を行う
- 行政機関に対する手続き代行、入所者とその家族との交流などの機会の確保、入所者の外出の機会の確保に努める
- 入所者の負担による施設の従業者以外の者による介護の禁止
- 入所者が可能なかぎり離床して、食堂で食事をとることを支援
- 衛生管理など（感染対策委員会の設置など）
- 事故防止検討委員会の設置　● 身体的拘束の禁止等の規定

●**要介護１・２の人の特例入所**…要介護１・２の人でもやむを得ない
事由がある場合は、入所判定委員会の検討を経て、特例的に入所が
認められる

すっきりnavi

■**介護老人福祉施設と地域密着型介護老人福祉施設の比較**

	介護老人福祉施設 （老人福祉法上の設置認可を得た、定員30人以上で都道府県の条例で定める数の特別養護老人ホーム）	地域密着型介護老人福祉施設 （老人福祉法上の設置認可を得た、定員29人以下で市町村の条例で定める数の特別養護老人ホーム）
提供するサービス名	介護福祉施設サービス	地域密着型介護老人福祉施設入所者生活介護
指定	都道府県知事	市町村長
分類	介護保険施設の１つで、施設サービスを提供	地域密着型サービス
設置	単独	単独設置のほか、本体施設のあるサテライト型居住施設、居宅サービス事業所などに併設された形態がある

福祉サービス分野

☑ 理解度チェック

□**1** 入所定員29人以下の特別養護老人ホームは、介護老人福祉施設ではない。

□**2** 施設サービス計画に基づきサービスが実施される。

□**3** 入所者が入院した場合には、再入所はできない。

解答

1. ○／2. ○／3. ✕ およそ３か月以内の退院が見込める場合は、円滑に再入所できるようにする

83 社会資源の活用

▶関連 84〜88

介護支援専門員が活用する社会資源

● フォーマルサービスとインフォーマルサポートを組み合わせて利用者の多様なニーズに対応する

■ フォーマルサービスとインフォーマルサポート

フォーマルサービス	● 行政サービス、保険給付など公的サービスによる支援 ● 最低限の生活が保障され、専門性が高い ● サービスが画一的になりやすい
インフォーマルサポート	● 家族、近隣、ボランティアなどによる支援 ● 柔軟な対応が可能 ● 専門性が低く安定した供給が難しい

● 要介護者等自身の能力、資産、意欲といった内的資源も活用する
● 高齢者支援に関連する諸制度には、障害者福祉制度（→P182）、生活保護制度（→P184）、高齢者虐待防止法（→P186）、成年後見制度（→P188）、日常生活自立支援事業（→P190）などがある

🔑 関連キーワード ●●●●●●●●●●●●●●●●●●●●●●●●●●●●●

● **老人福祉施設**…老人福祉法に規定される老人福祉施設は、老人デイサービスセンター、老人短期入所施設、養護老人ホーム、特別養護老人ホーム、軽費老人ホーム、老人福祉センター、老人介護支援センターである

☑ 理解度チェック

□ 1 内的資源とは、要介護者等の家族による支援をいう。

□ 2 有料老人ホームは、老人福祉施設に含まれる。

□ 3 生活困窮者自立支援法における必須事業に、生活困窮者住居確保給付金がある。

解答
1. ✕ 要介護者等自身の能力や資産、意欲をいう／2. ✕ 含まれない／3. ◯

すっきりnavi

■ その他主な関連制度

生活困窮者自立支援法	● 生活保護に至る前の自立支援策の強化を図る ● 実施主体は都道府県、市、福祉事務所を設置する町村 ● 必須事業は生活困窮者自立相談支援事業と生活困窮者住居確保給付金 ● 任意事業のうち、生活困窮者就労準備支援事業と生活困窮者家計改善支援事業は実施努力義務 ● その他の任意事業として、生活困窮者一時生活支援事業、子どもの学習・生活支援事業など
後期高齢者医療制度	● 75歳以上の人、65歳以上75歳未満で障害認定を受けた人を被保険者とした医療保険制度 ● 保険者は後期高齢者医療広域連合 ● 利用者負担は1割、一定以上所得者は2割、現役並み所得者では3割 ● 保険料率は、後期高齢者医療広域連合が条例で定める ● 給付内容は、療養の給付、入院時食事療養費、入院時生活療養費、高額療養費など
高齢者住まい法	● サービス付き高齢者向け住宅を創設 ● 入居対象は、単身高齢者（60歳以上、または要介護等認定を受けている40歳以上60歳未満）とその同居者 ● バリアフリー構造であることが登録基準のひとつ ● 状況把握サービスと生活相談サービスは必ず提供される
老人福祉法	● 有料老人ホームは老人福祉施設ではないが老人福祉法に設置根拠がある
個人情報保護法	● 個人情報を取り扱うすべての事業者等に適用される ● 個人情報とは、生存する個人に関する情報であって、氏名や生年月日等により特定の個人を識別することができるものまたは個人識別符号（指紋、DNA情報、パスポート、マイナンバーの番号など）が含まれるもの
育児・介護休業法	● 育児休業は、子が1歳に達する日までの期間とすることができる（最長2歳までの延長や分割取得可） ● 介護休業は、対象家族1人につき通算93日まで、3回を上限として分割取得可

福祉サービス分野

障害者総合支援法の実施主体と利用者

- 実施主体は市町村
- 対象は身体障害者、知的障害者、精神障害者（発達障害者を含む）、難病患者等

サービスの概要

- 自立支援給付と地域生活支援事業がある
- 自立支援給付にかかる費用は、国、都道府県、市町村に負担義務
- 2024（令和6）年度から、地域生活支援拠点等が障害者総合支援法に位置づけられ、地域における中核的な役割を担う基幹相談支援センターは、これまでの任意設置から、設置努力義務が課される
- 自立支援給付を希望する人は、原則的に市町村に申請を行い、市町村審査会による審査・判定を経て、サービス等利用計画案を踏まえて支給決定がされる

🔑 関連キーワード ●●●●●●●●●●●●●●●●●●●●●●●●●●●●●●●

- **地域生活支援事業**…地域の実情に応じ、柔軟に行う事業。市町村が行う事業と都道府県が行う事業がある。市町村が行う必須事業には、理解促進研修・啓発事業、自発的活動支援事業、相談支援事業、成年後見制度利用支援事業、手話通訳者や要約筆記者の派遣など意思疎通支援事業、日常生活用具給付等事業などがある
- **地域生活支援拠点等**…地域で生活する障害者の緊急事態に対応し、地域移行を推進するサービスの拠点となる。市町村はその体制の整備に努めなければならない

> 障害者総合支援法は、正確には「障害者の日常生活及び社会生活を総合的に支援するための法律」といい、障害者自立支援法を改正したものです

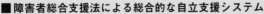

すっきりnavi

■ 障害者総合支援法による総合的な自立支援システム

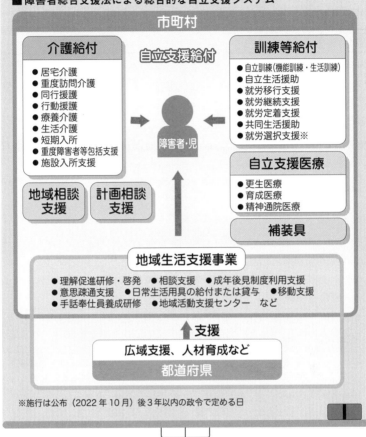

市町村

自立支援給付

介護給付
- 居宅介護
- 重度訪問介護
- 同行援護
- 行動援護
- 療養介護
- 生活介護
- 短期入所
- 重度障害者等包括支援
- 施設入所支援

障害者・児

訓練等給付
- 自立訓練(機能訓練・生活訓練)
- 自立生活援助
- 就労移行支援
- 就労継続支援
- 就労定着支援
- 共同生活援助
- 就労選択支援※

自立支援医療
- 更生医療
- 育成医療
- 精神通院医療

地域相談支援　**計画相談支援**

補装具

地域生活支援事業
- 理解促進研修・啓発　● 相談支援　● 成年後見制度利用支援
- 意思疎通支援　● 日常生活用具の給付または貸与　● 移動支援
- 手話奉仕員養成研修　● 地域活動支援センター　など

↑ **支援**

広域支援、人材育成など

都道府県

※施行は公布(2022年10月)後3年以内の政令で定める日

☑ 理解度チェック

☐ **1** 難病患者等は、障害者総合支援法の対象とならない。

☐ **2** 相談支援事業は、地域生活支援事業として市町村が行う必須事業である。

☐ **3** 基幹相談支援センターは、2024(令和6)年度から市町村に設置義務が課される。

解答

1. ✕ 対象となる／ 2. ○／ 3. ✕ 設置努力義務

85 生活保護制度

生活保護制度の理念

- 保護は、要保護者本人、その扶養義務者、その他同居の親族の申請に基づき開始する。ただし、要保護者が急迫した状況の場合は、保護の申請がなくても、必要な保護を行うことができる
- 生活保護の要否や程度の決定は、原則として世帯を単位で行う

■生活保護の8種類の扶助　(*)は原則現物給付、それ以外は金銭給付

生活扶助	食費、光熱費など日常生活の需要を満たすための費用 ※介護保険の被保険者では介護保険料を加算、介護保険施設での日常生活費（介護施設入所者基本生活費）を給付
教育扶助	義務教育の就学に必要な費用
住宅扶助	住宅の確保や補修に必要な費用
医療扶助 (*)	入院または通院による治療費 生活保護法で指定された指定医療機関に委託して行われる
出産扶助	出産に要する費用
生業扶助	生業費、技能修得費、就労や高校就学のために必要な費用
葬祭扶助	火葬、納骨など葬祭のために必要な費用
介護扶助 (*)	介護保険法における要介護者等に必要な介護に関する扶助（移送を除き、介護保険サービスと同じ内容） 居宅介護、福祉用具・介護予防福祉用具、住宅改修・介護予防住宅改修、施設介護、介護予防・日常生活支援、移送 ※介護保険の被保険者では、サービスの自己負担分（1割）、介護保険施設での食費・居住費の負担限度額までを給付

🔑 関連キーワード ●●●●●●●●●●●●●●●●●●●●●●●●●●●●●

- **指定介護機関**…介護扶助による給付は、介護保険法および生活保護法の指定を受けた指定介護機関に委託して行われる。指定介護機関は、福祉事務所から毎月被保護者ごとに交付される介護券に基づいてサービスを提供する

- **居宅介護支援計画**…介護扶助は、居宅介護支援計画または介護予防支援計画に基づき行われる。介護扶助の申請では、保護申請書と居宅介護支援計画等の写しを福祉事務所に提出する（介護保険の被保険者でない場合、居宅介護支援計画等の写しは必要ない）
- **要介護認定**…介護保険の被保険者の場合は、一般の被保険者と同様に要介護認定等を受ける。被保険者でない場合は、生活保護制度で認定を行うが、審査・判定は介護認定審査会に委託する

すっきりnavi

■生活保護法の4つの原理

国家責任の原理	国がその責任において、生活に困窮する国民に必要な保護を行い、最低限度の生活を保障してその自立を助長する
無差別平等の原理	生活困窮者の信条や性別、社会的身分、また生活困窮に陥った原因にかかわりなく、経済的状態にのみ着目して保護を行う
最低生活保障の原理	最低限度の生活とは、健康で文化的な生活水準を維持できるものでなければならない
補足性の原理	保護は、生活に困窮する者が、利用し得る資産、能力その他あらゆるものを、その最低限度の生活の維持のために活用することを要件とし、民法に定める扶養義務者の扶養およびほかの法律に定める扶助は、すべて生活保護に優先して行われる

☑ 理解度チェック

□**1** 医療扶助は、介護扶助と同様に現物給付が基本である。

□**2** 介護施設入所者基本生活費は、介護扶助として給付される。

□**3** 補足性の原理により、生活保護制度の給付は他制度の給付よりも優先される。

解答

1. ○／2. ✕ 生活扶助として給付／3. ✕ 他制度の給付が優先

高齢者虐待の対応

- 地域包括支援センターは、高齢者虐待対応の中核機関のひとつに位置づけられる
- 市町村や地域包括支援センターなどの対応機関、各サービス事業所と連携し、問題の解決に向けて継続的に対処していく

高齢者虐待防止法の要旨

- 市町村が第一に責任を有する主体と位置づけられている
- 高齢者虐待防止法では、高齢者への虐待防止とともに、養護者への支援のための施策を盛り込んでいる
- 高齢者虐待には、身体的虐待、養護を著しく怠るネグレクト、心理的虐待、性的虐待、経済的虐待がある

高齢者虐待の現状（2021〔令和3〕年度厚生労働省調査）

- 養護者による虐待では、身体的虐待が7割近く、心理的虐待が約4割を占める。被虐待高齢者は80～84歳の年齢層、女性、認知症日常生活自立度Ⅱ以上の人が多く、虐待者は息子が約4割で最も多い

☑ 理解度チェック

- □ 1 地域包括支援センターは、高齢者虐待対応の中核機関である。
- □ 2 年金を渡さないなどの経済的虐待は、高齢者虐待防止法による虐待には分類されていない。
- □ 3 家族に虐待を受けたと思われる高齢者を発見し、高齢者の生命や身体に重大な危険がある場合には、市町村に通報する義務がある。

解答

1. ○／ 2. ✕ 虐待に分類されている／ 3. ○

すっきりnavi

■ 高齢者虐待防止法の要旨（ポイント）

定義など

- 養護者…高齢者を現に養護する者で、養介護施設従事者等以外の者
- 養介護施設従事者等…養介護施設（老人福祉施設、介護保険施設など）の業務に従事する者、または老人福祉法に規定する養介護事業（老人福祉法や介護保険法に規定するサービス）の業務に従事する者

市町村への通報義務（下記以外の虐待発見は努力義務）

- 養護者により虐待を受けたと思われる高齢者を発見した者で、高齢者の生命または身体に重大な危険が生じている場合
- 養介護施設従事者等が、業務に従事する施設などで、養介護施設従事者等による虐待を受けたと思われる高齢者を発見した場合

市町村が通報を受けた場合の対応

- 事実確認の措置、地域包括支援センターなどとの対応協議
- 生命または身体に重大な危険が生じている高齢者を一時的に保護するため、老人短期入所施設などに入所させるなどの老人福祉法上の措置、後見開始等の審判の請求
- 必要な居室の確保のための措置（高齢者保護のため、または養護者の負担軽減のため）
- 高齢者や養護者への相談、指導、助言

立ち入り調査・警察署長への援助要請

- 市町村長は、養護者の虐待により高齢者の生命または身体に重大な危険が生じている場合は、立ち入り調査をすることができる
- 立ち入り調査などにあたり、管轄の警察署長に援助を求めることができる

市町村による地域包括支援センターなどへの事務の委託

市町村は、相談、指導、助言や通報・届出の受理、養護者支援の事務などを地域包括支援センターなどに委託できる

市町村による都道府県への報告

市町村（指定都市、中核市を除く）は、養介護施設従事者等による虐待についての通報または届出を受けたときは、高齢者虐待に関する事項を、都道府県に報告しなければならない

都道府県知事による公表

都道府県知事は、毎年度、養介護施設従事者等による高齢者虐待の状況などについて公表する

福祉サービス分野

87 成年後見制度

▶関連 83、88

成年後見制度とは

- 「成年後見制度の利用の促進に関する法律」には、ノーマライゼーション、自己決定の尊重（意思決定の支援、自発的意思の尊重）、身上保護の重視の考え方が盛り込まれている
- 法定後見制度と任意後見制度がある

■ 法定後見制度における3つの類型

類型	対象者	後見事務の内容・範囲
後見類型	判断能力を常に欠いた人	● 成年後見人は、預貯金の管理や重要な財産の売買、介護契約など本人の財産に関する法律行為について包括的な代理権が与えられる ※ 本人の居住用の不動産を処分する場合は、家庭裁判所の許可が必要 ● 日常生活に関する行為以外の行為に関する取消権をもつ
保佐類型	判断能力が著しく不十分な人	● 保佐人は、本人が行う重要な一定の行為について同意権と取消権をもつ ● 本人の同意のもと、保佐人などの請求により、家庭裁判所の審判を経て代理権が与えられる
補助類型	判断能力が不十分な人	● 補助人は、本人の同意のもと、補助人などの請求により、家庭裁判所の審判を経て同意権・取消権と代理権が与えられる

🔑 関連キーワード ●●●●●●●●●●●●●●●●●●●●●●●●●●●

- **任意後見制度**…制度を利用したい本人が、判断能力が衰える前に、任意後見人になってくれる人（任意後見受任者）と公正証書により契約をし、公証人が、法務局へ後見登記を申請する。本人の判断能力が不十分になってきたときに、本人、配偶者、四親等内の親族、任意後見受任者が家庭裁判所に申請をし、家庭裁判所が任意後見人を監督する任意後見監督人を選任して、任意後見が開始される

すっきりnavi

■ 法定後見制度と任意後見制度の後見開始

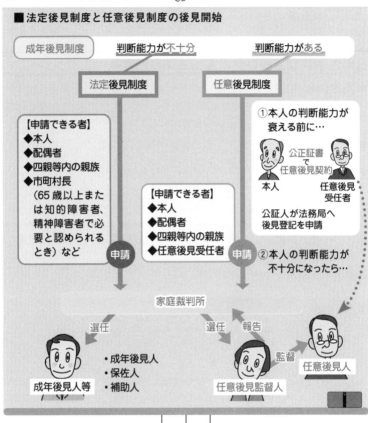

成年後見制度　　判断能力が不十分　　　　判断能力がある

法定後見制度　　　　　任意後見制度

【申請できる者】
- ◆本人
- ◆配偶者
- ◆四親等内の親族
- ◆市町村長
  （65歳以上または知的障害者、精神障害者で必要と認められるとき）など

申請

【申請できる者】
- ◆本人
- ◆配偶者
- ◆四親等内の親族
- ◆任意後見受任者

申請

①本人の判断能力が衰える前に…

公正証書で任意後見契約

本人　　任意後見受任者

公証人が法務局へ後見登記を申請

②本人の判断能力が不十分になったら…

家庭裁判所

選任　　　　　選任　　報告

成年後見人等
- ・成年後見人
- ・保佐人
- ・補助人

監督

任意後見監督人

任意後見人

福祉サービス分野

☑ 理解度チェック

□1　成年後見人は、成年被後見人の居住用の不動産を自らの判断で処分することができる。

□2　軽度の認知症など判断能力が残っている場合は、利用できない。

□3　任意後見制度では、家庭裁判所が任意後見監督人を選任する。

解答

1.✕ 家庭裁判所の許可が必要／2.✕ 判断能力の程度により3つの類型があり、軽度の認知症でも利用できる／3.○

88 日常生活自立支援事業

▶関連 83、87

日常生活自立支援事業の実施主体と利用者

- ●実施主体は都道府県社会福祉協議会または指定都市社会福祉協議会（都道府県・指定都市社会福祉協議会）で、市区町村社会福祉協議会などに事業の一部を委託できる
- ●判断能力が不十分であり、かつ事業の契約の内容について、判断し得る能力のある人が対象

事業の手続き・内容

- ●専門員が支援計画を作成し、利用契約を締結する。支援計画に基づき生活支援員が援助を行う
- ●実施主体が料金を定める

■支援内容

福祉サービスの利用援助	福祉サービス（介護保険サービス含む）の利用手続きや苦情解決制度の利用手続きの援助、行政手続きに関する援助など
日常的金銭管理サービス	医療費、税金、社会保険料、公共料金、日用品の代金などの支払い手続き、日用品の支払いなどに伴う預金の預け入れや払い戻しなど
書類などの預かりサービス	年金証書、預貯金の通帳、権利証、保険証書、実印や銀行印の預かり

🔑 関連キーワード ●●●●●●●●●●●●●●●●●●●●●●●●●●●●●

- ●**運営適正化委員会**…社会福祉法に基づき、都道府県社会福祉協議会に設置され、利用者からの苦情に対する調査・解決や、事業全体の運営監視、助言、勧告を行い、定期的に事業の実施状況の報告を受ける

すっきりnavi

■ 日常生活自立支援事業の基本的なしくみ

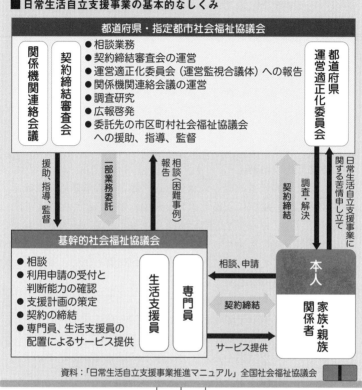

都道府県・指定都市社会福祉協議会

関係機関連絡会議
契約締結審査会

● 相談業務
● 契約締結審査会の運営
● 運営適正化委員会（運営監視合議体）への報告
● 関係機関連絡会議の運営
● 調査研究
● 広報啓発
● 委託先の市区町村社会福祉協議会への援助、指導、監督

都道府県運営適正化委員会

援助、指導、監督
一部業務委託
報告
相談（困難事例）
調査・解決
契約締結
日常生活自立支援事業に関する苦情申し立て

基幹的社会福祉協議会

● 相談
● 利用申請の受付と判断能力の確認
● 支援計画の策定
● 契約の締結
● 専門員、生活支援員の配置によるサービス提供

生活支援員
専門員

相談、申請
契約締結
サービス提供

本人
家族・親族関係者

資料：「日常生活自立支援事業推進マニュアル」全国社会福祉協議会

☑ 理解度チェック

□ **1** 実施主体は、都道府県で、指定都市においては市である。

□ **2** 判断能力が失われた人または判断能力が不十分な人が対象となる。

□ **3** 運営適正化委員会は、都道府県社会福祉協議会に設置される。

解答

1. ✕ 地方自治体ではなく、都道府県社会福祉協議会または指定都市社会福祉協議会／ 2. ✕ 判断能力が不十分で、かつ事業の契約内容について判断し得る能力のある人／ 3. ○

試験本番は落ち着いて！

試験に受かるために

　「介護支援専門員実務研修受講試験」は、ケアマネジャーとして「実務」に必要な「最低限の知識」が問われるものです。介護支援分野で7割程度、介護支援分野以外の分野の合計点で7割程度とれれば、合格となります。まずは、着実に合格ラインをねらいましょう。

わかる問題から解く

　設問を確実に読み取ってから、選択肢ごとの解答に入ります。そこで、明確に正答と思えるもの、明確に誤りと思えるものに○×のマークをしていきましょう。ここで、わからない選択肢に時間を費やしてはいけません。5選択肢すべてがわからなくても、明確にわかる選択肢が複数あれば、消去法で、1問の正解を導きだすことができます。

迷った問題の見直しの時間をもつ

　消去法でも迷いが残った問題には、何らかのチェックマークをつけておきます。1問にかけられる時間は、およそ2分ですが、わかる問題からさくさく解いていけば、あとで必ず見直しの時間がとれます。このとき、チェックをつけたあやふやな問題から、優先的に見直しをしていきましょう。

当日、最大限の実力が発揮できるよう、体調を整えておくことが大切です

あせりのあまり、直前徹夜とかはだめだよ！

資料編

よくでる介護報酬

■ サービス略称

■…居宅サービス、■…地域密着型サービス、■…施設サービス

訪介 訪問介護　　訪入 訪問入浴介護　　訪看 訪問看護　　通介 通所介護
訪リ 訪問リハビリ　　通リ 通所リハビリ　　短入 短期入所生活介護
短療 短期入所療養介護　　特定 特定施設入居者生活介護
定期 定期巡回・随時対応型訪問介護看護　　夜間 夜間対応型訪問介護
通介 地域密着型通所介護　　認介 認知症対応型通所介護
共同 認知症対応型共同生活介護　　小介 小規模多機能型居宅介護
看介 看護小規模多機能型居宅介護
特定 地域密着型特定施設入居者生活介護
老福 地域密着型介護老人福祉施設入所者生活介護
施設 介護保険施設共通　　老福 介護老人福祉施設
老健 介護老人保健施設　　介医 介護医療院
※予＝同じ種類の介護予防サービスも同様

■ 訪問系・通所系共通

同一建物などに居住する利用者の減算	
①事業所と同一建物か同一敷地内または隣接する敷地内の建物に居住する利用者にサービスを行った場合、②①の範囲以外の建物に居住する利用者にサービスを行い、その建物に居住する利用者が1か月20人以上の場合	訪介 訪入 予 訪看 予 訪リ 予 夜間 定期 ※②の要件はない
事業所の所在する建物と同一の建物に居住する利用者または同一の建物から事業所に通う利用者にサービスを行った場合	通介 通リ 予 認介 予 通介

■ 訪問介護の主な加算

生活機能向上連携加算	（Ⅰ）サービス提供責任者が、訪問リハビリテーション事業所など外部の医師、理学療法士・作業療法士・言語聴覚士の助言に基づき訪問介護計画を作成し、その計画に基づくサービスを行った場合。（Ⅱ）外部の医師、理学療法士等の自宅訪問に同行し、共同して評価のうえ訪問介護計画を作成し、その計画に基づくサービスを行った場合など	訪介 定期 小介 予

※生活機能向上連携加算は、通所系サービス、短期入所系サービス、居住系サービス、施設系サービスにも設定され、外部の医師・理学療法士等の助言または事業者・施設への訪問による計画作成などを評価

緊急時訪問 介護加算	利用者やその家族からの要請に基づき、サービス提供責任者が介護支援専門員と連携し、介護支援専門員が必要と認めたときに、訪問介護員等が居宅サービス計画にない訪問介護（身体介護）を緊急に行った場合	訪介
利用者や家族の同意を得て、利用者の身体的理由、暴力行為などにより同時に訪問介護員等2人が担当する場合の加算		訪介 夜間

■訪問看護の加算

	利用者や家族の同意を得て、利用者の身体的理由、暴力行為などにより同時に複数の看護師等（看護師等と看護補助者も可）が訪問看護を行った場合	訪看 予
緊急時訪問 看護加算	24時間対応できる体制にある事業所が、緊急時の訪問看護の利用について利用者に説明し、同意を得て、必要に応じて緊急時訪問を行う場合	訪看 予 定期 看介
特別管理加算	特別な医療管理を必要とする利用者に計画的な管理を行った場合 ○一定の在宅医療管理を受けている ○人工肛門か人工膀胱を設置している ○真皮を越える褥瘡の状態 ○点滴注射が週3日以上必要	訪看 予 定期 看介
特別管理加算の対象者に1時間30分以上の訪問看護を行う場合		訪看 予
ターミナル ケア加算	24時間の連絡体制確保など一定の基準に適合する事業所が、死亡日および死亡日前14日以内に2日以上ターミナルケアを行った場合	訪看 予 定期 看介
退院時共同 指導加算	病院・診療所または介護老人保健施設、介護医療院の入院患者等の退院・退所時に、訪問看護ステーションの看護師等が主治医などと共同して在宅療養上必要な指導を行い、その内容を文書により提供し、初回の訪問看護をした場合	訪看 予 定期 看介
看護・介護 職員連携強 化加算	訪問介護事業所と連携し、訪問介護事業所の訪問介護員等が利用者に対し痰の吸引などの特定行為業務を円滑に行うための支援を行った場合	訪看
看護体制強 化加算	事業所の利用者総数のうち緊急時訪問看護加算、特別管理加算、ターミナルケア加算（介護予防訪問看護を除く）のいずれについても算定した利用者が一定割合（人数）以上など医療ニーズの高い利用者への提供体制を強化している場合	訪看 予 看介

資料編

■リハビリテーションに関連する加算

短期集中(個別)リハビリテーション実施加算	退院・退所日（介護老人保健施設は入所日）または新規認定日から３か月以内に、集中的にリハビリテーションを実施した場合	訪リ ㊙ 通リ 老健
リハビリテーションマネジメント加算	リハビリテーション会議の開催などにより、利用者の状況を多職種で共有し、状態に応じてリハビリテーション計画を見直し、介護支援専門員への情報提供、訪問介護などの従業者や利用者の家族への日常生活上の留意点、介護のくふうなどの助言を行うなど、多職種が共同して継続的にリハビリテーションの質の管理を行っている場合など	訪リ 通リ
リハビリテーション提供体制加算	常時、事業所に配置されているリハビリテーション専門職の合計数が、利用者25人またはその端数を増すごとに１人以上である場合	通リ
個別リハビリテーション実施加算	多職種が共同して個別リハビリテーション計画を作成し、その計画に基づき、医師または医師の指示を受けたリハビリテーション専門職が個別リハビリテーションを行った場合	短療 ㊙
認知症短期集中リハビリテーション実施加算	認知症の利用者に対して、退院・退所日または入所（通所）開始日から３か月以内に、集中的な個別リハビリテーションを行い、リハビリテーションマネジメント加算を算定している場合	通リ 老健
生活行為向上リハビリテーション実施加算	リハビリテーションマネジメント加算を算定している場合で、専門的な知識等を有する作業療法士または一定の研修を修了した理学療法士、言語聴覚士が、リハビリテーション実施計画に基づきリハビリテーションを行い、リハビリテーション会議で目標の達成状況を報告するほか、事業所の医師または医師の指示を受けた理学療法士等が利用者の居宅を訪問して生活行為の評価をおおむね１か月に１回以上実施している場合、６か月以内の期間にかぎり算定	通リ ㊙
移行支援加算	リハビリテーション終了者の通所介護事業所などへの移行が一定割合を超えており、移行先に利用者のリハビリテーション計画書を提供し、電話等により、通所介護などの実施状況を確認し、記録している場合	訪リ 通リ

| 個別機能訓練加算 | 専従の機能訓練指導員を配置し、多職種が共同して、利用者ごとに個別機能訓練計画を作成し、計画的に機能訓練を行っている場合
※ 通所介護、（介護予防）短期入所生活介護、地域密着型通所介護では、利用者の居宅を訪問したうえでの計画作成、3か月に1回以上の利用者の居宅訪問や訓練内容の見直しを行っているなどの要件が加わる | 通介 短入 予 特定 予 認介 予 通介 特定 老福 老福 |
| ADL維持等加算 | 自立支援、重度化防止の観点から、評価対象期間内に事業所を利用した者のうち、ADLの維持または改善の度合いが一定の水準を超えた場合など | 通介 特定 通介 認介 特定 老福 老福 |

■連携・調整に関連する加算

在宅中重度者受入加算	利用者が利用していた訪問看護事業所に利用者の健康管理などを行わせた場合	短入
医療機関連携加算	看護職員が利用者ごとに健康の状況を継続して記録し、利用者の同意を得て、協力医療機関や主治医に対し、利用者の健康状況について月1回以上情報提供をした場合	特定 予 特定
地域連携診療計画情報提供加算	診療報酬の地域連携診療計画管理料または地域連携診療計画退院時指導料を算定して保険医療機関を退院した入所者に対して、その保険医療機関が作成した診療計画に基づき、治療などを行い、入所者の同意を得て退院日の翌月までにその病院に診療情報を文書により提供した場合	老健
かかりつけ医連携薬剤調整加算	高齢者の薬物療法に関する研修を受講した施設の医師または薬剤師が、入所後1か月以内に入所者の主治医に必要な説明をして合意を得るほか、退所時または退所後1か月以内に服薬情報などを提供し、その内容を診療録に記載している場合など	老健
配置医師緊急時対応加算	24時間対応体制にあるなど一定の基準を満たした施設で、施設の配置医師が早朝、夜間・深夜に施設を訪問して入所者の診療を行い、その理由を記録した場合など	老福 老福

■栄養、口腔機能、運動能力向上に関連する加算

栄養アセスメント加算	事業所の従業者として、または外部との連携により管理栄養士を1人以上配置し、多職種が共同して栄養アセスメントを実施して、利用者や家族の相談などに応じ、利用者ごとの栄養状態等の情報を厚生労働省に提出等している場合	通リ 予 通介 認介 予 通介 看介
栄養改善加算	事業所の従業者として、または外部との連携により管理栄養士を1人以上配置し、多職種が共同して栄養ケア計画を作成し、必要に応じて利用者の居宅を訪問して、栄養改善サービスを実施している場合（原則3か月以内にかぎり、月2回を限度）	通リ 予 通介 認介 予 通介 看介
栄養マネジメント強化加算	管理栄養士を所定の基準で配置し、低栄養状態のリスクが高い入所者に対し、多職種が共同して栄養ケア計画を作成して週3回以上の食事の観察や入所者ごとの栄養状態、嗜好等を踏まえた食事の調整等を実施し、入所者ごとの栄養状態等の情報を厚生労働省に提出等している場合	老福 老福 老健 介医
口腔機能向上加算	言語聴覚士・歯科衛生士・看護職員を1人以上配置し、多職種が共同して口腔機能改善管理指導計画を作成して口腔機能向上サービスを実施し、定期的な評価を行った場合など（原則3か月以内にかぎり、月2回を限度）	通リ 予 通介 認介 予 通介 看介
運動器機能向上加算	理学療法士等を1人以上配置し、多職種が共同して運動器機能向上計画を作成し、その計画に基づき運動器機能向上サービスを実施し、定期的な評価を行った場合など	※介護予防通所リハのみ
療養食加算	利用者に医師の食事せんに基づく療養食を提供した場合（1日につき3回を限度）	短療 予 短入 予 老福 施設
口腔・栄養スクリーニング加算	事業所の従業者が、利用開始時および利用中6か月ごとに利用者の口腔の健康状態および栄養状態について確認を行い、利用者の口腔の健康状態・栄養状態に関する情報を介護支援専門員に提供した場合	通介 通介 通リ 予 特定 予 認介 予 小介 予 看介 特定 共同 予
経口移行加算	経管栄養を行う入所者に対し、医師の指示に基づき、多職種が共同して経口移行計画を作成し、その計画に従って管理栄養士または栄養士による栄養管理と言語聴覚士または看護職員による支援を行った場合、原則、計画作成日から180日以内算定	老福 施設

再入所時栄養連携加算	入所者が病院・診療所に入退院して再入所し、前回入所時と大きく異なる栄養管理が必要となった場合に、施設の管理栄養士が病院・診療所の管理栄養士と相談・連携し、再入所後の入所者の栄養ケア計画を策定した場合	老福 老福 老健 介医
経口維持加算	経口による食事はできるが摂食機能障害があり、誤嚥のある利用者に対し、医師または歯科医師の指示に基づき多職種が共同で経口維持計画を作成し、計画に従って管理栄養士または栄養士による栄養管理を行った場合など	老福 施設
口腔衛生管理加算	入所者の口腔衛生等の管理にかかる計画を作成し、歯科医師の指示を受けた歯科衛生士が、入所者に対し口腔衛生等の管理を月2回以上行うとともに、介護職員への口腔衛生等の管理に関する技術的指導・助言などを行った場合など	老福 施設

■その他サービスに関連する加算

延長加算	通算して8時間以上となる場合、6時間の延長を限度に算定	通リ
	通算して9時間以上となる場合、5時間の延長を限度に算定	通介 通介 認介 ⑦
入浴介助を行った場合		通リ 通介 通介 認介 ⑦
褥瘡マネジメント加算	入所者・利用者の褥瘡の発生リスクについて評価を行い、その結果等を厚生労働省に提出等するほか、褥瘡発生リスクのある入所者等に多職種が共同して褥瘡ケア計画を作成して褥瘡管理の実施や3か月に1回の褥瘡ケア計画の見直しをしている場合など	老福 看介 老健 老福
排せつ支援加算	排泄に介護を要するが適切な介護により要介護状態の軽減が見込まれる利用者・入所者に対し、多職種が共同して支援計画を作成し、その計画に基づく支援を継続して実施した場合など	老福 看介 施設

■認知症患者に関連する加算

認知症行動・心理症状緊急対応加算	医師の判断により認知症の行動・心理症状が認められるため在宅生活が困難な認知症の人に対し、緊急受け入れをした場合、利用開始日から7日を限度として算定	短療 予 短入 予 老福 小介 予 共同 予 ※短期 看介 施設
認知症ケア加算	日常生活に支障をきたすおそれのある症状または行動が認められる認知症の利用者（入所者）に個別的なサービスを行った場合	短療 老健
若年性認知症利用者（入所者・患者）受入加算	若年性認知症の利用者（入所者・患者）に個別の担当者を定めて、利用者の特性に応じたサービスを提供した場合	通リ 予 通介 短療 予 短入 予 特定 予 小介 予 特定 認介 予 共同 予 通介 老福 看介 施設
認知症専門ケア加算	認知症ケアに関する専門研修を修了した者を一定割合配置するなどの基準を満たした事業者・施設が、日常生活に支障をきたすおそれのある症状または行動が認められるなどの認知症の者に専門的な認知症ケアを提供した場合	訪介 訪入 予 短療 予 短入 予 特定 共同 予 特定 老福 定期 夜間 施設
認知症情報提供加算	認知症の疑いのある入所者を認知症疾患医療センターなどに紹介した場合	老健
認知症加算	看護職員・介護職員を基準よりも常勤換算で2人以上確保し、前年度または過去3月間の利用者総数のうち、認知症高齢者の日常生活自立度Ⅲ以上の利用者の占める割合が20%以上で、専従で認知症介護に関する研修の修了者等を1人以上配置している事業所が、認知症高齢者の日常生活自立度Ⅲ以上の利用者にサービスを提供した場合	通介 通介
	日常生活に支障をきたすおそれのある症状または行動が認められるなどの認知症の登録者にサービスを提供した場合	小介 看介

■緊急受け入れに関連する加算

緊急短期入所受入加算	緊急利用が必要と介護支援専門員が認めた利用者に対し、居宅サービス計画にない短期入所サービスを行った場合、利用開始日から7日を限度（やむを得ない事情がある場合は最大14日）として算定	短療 短入

■施設退所時の援助に関連する主な加算

退所時指導等加算（介医） ※老健（退所時等支援等加算）も同様	退所時等相談援助加算（老福）（老福）
退所後に「居宅」でなく社会福祉施設（病院、介護老人保健施設への入院・入所を除く）などに入所する場合も同様に算定	
●退所前訪問指導加算 入所者の退所に先立って、退所後の居宅を訪問し、入所者や家族などに退所後の療養上の指導を行った場合 ●退所後訪問指導加算 入所者の退所後30日以内に入所者の居宅を訪問し、入所者や家族などに療養上の指導を行った場合 ●退所時指導加算 入所者の退所時に、入所者や家族などに療養上の指導を行った場合 ●退所時情報提供加算※ 退所後の主治医に診療状況を示す文書を添えてその入所者の紹介を行った場合 ●入退所前連携加算（Ⅰ）、（Ⅱ）※ ①入所後30日以内に、指定居宅介護支援事業者と連携して入所者の退所後の居宅サービス等の利用方針を定め、②退所前に指定居宅介護支援事業者に診療状況を示す文書を添えて入所者に関する必要な情報を提供し、連携して居宅サービス等の利用調整を行った場合。②のみの場合は、（Ⅱ）を算定	●退所前訪問相談援助加算 入所者の退所に先立って、退所後の居宅を訪問し、入所者や家族などに退所後のサービスについて相談援助を行った場合 ●退所後訪問相談援助加算 入所者の退所後30日以内に入所者の居宅を訪問し、入所者や家族などに相談援助を行った場合 ●退所時相談援助加算 入所者の退所時に、入所者や家族などに退所後のサービスについて相談援助を行い、入所者の同意を得て市町村および老人介護支援センターに入所者の介護状況を示す文書を添えて必要な情報提供を行った場合 ●退所前連携加算 退所前に、指定居宅介護支援事業者に対し、入所者の介護状況を示す文書を添えて入所者に関する必要な情報を提供し、連携して居宅サービスなどの利用調整を行った場合

資料編

試行的退所時指導加算	入所期間が1か月を超える入所者が試行的に退所する場合において、入所者・家族等に対して退所後の療養上の指導を行った場合	老健
入所前後訪問指導加算	入所予定日前30日以内または入所後7日以内に入所者の居宅を訪問し、退所を目的とした施設サービス計画の策定と診療方針を決定した場合など	老健
在宅復帰・在宅療養支援機能加算	介護老人保健施設での在宅復帰率、ベッド回転率、入退所前後の訪問指導割合、退所後の状況確認、リハビリテーション専門職等の配置割合などが一定の基準に適合している場合	短療 予 老健

在宅復帰支援機能加算	退所後の在宅生活について入所者の家族との連絡調整を行い、居宅介護支援事業者に対して必要な情報提供や利用調整を行い、一定割合以上の在宅復帰を実現している場合	老福 施設
退居時相談援助加算	利用期間が1か月を超える利用者の退居時に、退居後のサービスについて相談援助を行い、退居の日から2週間以内に市町村や老人介護支援センターなどに必要な情報を提供した場合	共同 予

■ターミナルケアに関する加算（訪問看護以外）

ターミナルケア加算	入所者または家族の同意を得て、ターミナルケアにかかる計画に基づきターミナルケアを行っている場合に、死亡日を含め死亡日以前45日を上限として算定	老健
看取り介護加算	利用者または家族の同意を得て、看取り介護に関する指針を作成し、医師や看護職員、介護職員などが共同して看取り介護を行った場合	特定 特定 共同
看取り介護加算	常勤の看護師の配置と24時間連絡体制の確保、看取りに関する指針の作成など一定の基準に適合する事業所が、看取り介護を行った場合	老福 老福
看取り連携体制加算	看護師による24時間連絡体制の確保や看取りの対応方針の策定、登録者や家族への方針の内容の説明を行うなど	小介

■医療的管理、医療への評価、PDCAサイクル推進の評価

重度療養管理加算	常時頻回の喀痰吸引を行うなど一定の手厚い医療を必要とする状態の要介護3～5（短期入所療養介護は4、5）の利用者に、計画的な医学的管理を継続して行い、サービスを行った場合	通リ 短療
緊急時施設療養費	緊急時治療管理（救命救急医療が必要な利用者への緊急的な治療管理）や特定治療（診療報酬の算定対象となるリハビリテーション、処置、手術、麻酔、放射線治療）を行った場合	短療 予 老健
所定疾患施設療養費	肺炎、尿路感染症、帯状疱疹、蜂窩織炎の入所者に投薬、検査、注射、処置などを行った場合	老健
特別療養費	入所者に対し、指導管理などのうち、日常的に必要な医療行為として行った場合（介護療養型老健のみ）	短療 予 老健

総合医学管理加算	介護老人保健施設が提供する場合において、治療管理を目的とし、居宅サービス計画に計画されていない投薬、検査、注射、処置などを行い、利用者の主治医に情報提供を行った場合に、7日を限度として算定	短療 予
科学的介護推進体制加算	入所者・利用者ごとのADL値、栄養状態、口腔機能、認知症の状況などの基本的な情報を、厚生労働省に提出し、サービス提供にあたりその情報を活用している場合など	通介 通リ 予 特定 予 認介 予 通介 特定 共同 予 小介 予 看介 老福 老福 老健 介医

■居宅介護支援の主な介護報酬

初回加算	居宅サービス計画を新規作成または要介護状態区分が2区分以上変更された利用者に居宅介護支援を提供した場合
特定事業所加算	中重度者や支援困難ケースへの積極的な対応、専門性の高い人材の確保、多様な主体が提供する生活支援のサービスが包括的に提供されるような居宅サービス計画の作成など、質の高いケアマネジメントを実施している場合
入院時情報連携加算	利用者の入院にあたり、病院・診療所の職員に、利用者に関する必要な情報を、介護支援専門員が（Ⅰ）入院後3日以内に提供、（Ⅱ）入院後7日以内に提供、した場合に1か月に1回を限度に算定
退院・退所加算	利用者の退院・退所にあたり、病院等の職員と面談を行い、利用者に関する必要な情報の共有を行って居宅サービス計画を作成し、サービスの調整を行った場合
通院時情報連携加算	利用者が病院・診療所で医師の診察を受けるときに介護支援専門員が同席し、医師等に利用者の心身の状況や生活環境など必要な情報提供を行うとともに、医師等から利用者に関する必要な情報提供を受けて居宅サービス計画に記録した場合

■運営基準減算

契約時の説明等、アセスメント、居宅サービス計画の作成、サービス担当者会議、モニタリングの所定の運営基準を守っていない場合に5割の減算となり、減算が2か月以上続いている場合、介護報酬は算定されない

資料編

よくでる運営基準

■ 指定居宅介護支援事業者の国の主な運営基準　　（★＝従うべき基準）

指定介護予防支援事業者の運営基準も趣旨は同様

内容・手続きの説明と同意（★説明と同意、理解にかかる部分）	サービス提供の開始に際し、あらかじめ、利用申込者またはその家族に対し、重要事項を記した文書を交付して説明を行い、利用申込者の同意を得なければならない。 また、次の点について説明し理解を得る ●利用者は複数の指定居宅サービス事業者等の紹介を求めることができること ●前6か月間の居宅サービス計画のうち、訪問介護、通所介護、福祉用具貸与、地域密着型通所介護が占める割合 ●前6か月間の居宅サービス計画のうち、訪問介護、通所介護、福祉用具貸与、地域密着型通所介護ごとの、同一の事業者によって提供されたものが占める割合 サービス提供の開始に際し、利用者が病院・診療所に入院する場合には担当の介護支援専門員の氏名・連絡先を病院・診療所に伝えるよう求めなければならない
提供拒否の禁止★	正当な理由（①事業所の現員では利用申込に応じきれない、②利用申込者の居住地が事業所の通常の事業の実施地域外である、③利用申込者がほかの居宅介護支援事業者にもあわせて依頼していることが明らか）のない場合、サービス提供を拒んではならない
サービス提供困難時の対応	適切なサービスの提供が困難と判断した場合、ほかの居宅介護支援事業者の紹介その他の措置をとる
受給資格等の確認	居宅介護支援の提供を求められた場合に、被保険者証で被保険者資格、要介護認定の有無、有効期間などを確認する
要介護認定の申請にかかる援助	●被保険者から要介護認定の申請の代行を依頼された場合などは、利用申込者の意思を踏まえ、必要な協力を行わなければならない ●更新認定の申請は、遅くとも有効期間満了日の30日前に行われるよう必要な援助をする
身分を証する書類の携行	事業者は、介護支援専門員に身分を証明する書類を携行させ、初回訪問時や利用者・家族から求めがあったときに提示すべき旨を指導する
利用料などの受領	●償還払いの利用料と、居宅介護サービス費用基準額との間に、不合理な差額を設けることはできない ●通常の事業の実施地域以外でサービスを提供した場合には、交通費の支払いを別途受け取ることができる

保険給付の請求のための証明書の交付	償還払いとなる利用料の支払いを受けた場合、サービス内容、費用の額など必要な項目を記録した指定居宅介護支援提供証明書を利用者に交付する
基本取扱方針	● 居宅介護支援は、利用者の要介護状態の軽減または悪化の防止に資するよう行われるとともに、医療サービスとの連携に十分配慮して行われなければならない ● 事業者は、自らその提供するサービスの質の評価を行い、常にその改善を図らなければならない
具体的取扱方針（一部★）	居宅サービス計画作成にあたっての方針や具体的な手順を示す規定

法定代理受領サービスにかかる報告	毎月、市町村（国保連）に対し、居宅サービス計画において位置づけられている法定代理受領サービスにかかる情報を記載した文書（給付管理票）などの文書を提出しなければならない
利用者に対する居宅サービス計画などの書類の交付	利用者が①ほかの居宅介護支援事業者の利用を希望する場合、②要介護認定を受けている利用者が要支援認定を受けた場合、③その他利用者からの申し出があった場合は、利用者に対し、直近の居宅サービス計画およびその実施状況に関する書類を交付しなければならない
利用者に関する市町村への通知	利用者が①正当な理由なくサービスの利用に関する指示に従わず要介護状態が進んでしまった、②偽りその他不正な行為により保険給付を受けたり受けようとしたときには、意見をつけ市町村に通知する
管理者の責務	管理者は、従業者、利用申込の調整、業務の実施状況の把握などの管理を一元的に行い、運営基準を遵守させるために必要な指揮命令を行う
運営規程	事業所ごとに、事業運営についての重要事項に関する規程（運営規程）を定める
従業者の健康管理	介護支援専門員の清潔の保持と健康の管理を行う
掲示	事業所の見やすい場所に、運営規程の概要、介護支援専門員の勤務体制そのほか利用申込者のサービス選択に資する重要事項を掲示する。掲示に代えて、閲覧可能な形でファイル等で事業所に備え置くことも可能

資料編

虐待の防止★	虐待の発生またはその再発を防止するため、虐待の防止のための対策を検討する委員会を定期的に開催して従業者にその結果の周知徹底を図り、虐待防止のための指針を整備し、研修を定期的に実施するほか、これらの措置を実施するための担当者を置くこと
秘密保持★	● 正当な理由なく、業務上知り得た利用者などの秘密を漏らしてはならない ● 介護支援専門員その他の従業者がその事業所を退職したあとも秘密を漏らすことのないよう、雇用時に取り決めをするなど必要な措置をとる ● サービス担当者会議などにおいて、利用者や家族の個人の情報を開示する必要がある場合は、その個人情報を利用した本人にあらかじめ文書により同意を得る
勤務体制の確保	● 利用者に対し、適切なサービスを提供できるよう、事業所ごとに従業者の勤務体制を定めておかなければならない ● 事業所の介護支援専門員に居宅介護支援の業務を担当させなければならない ● 資質の向上のための研修の機会を確保しなければならない ● 職場で行われる性的な言動または優越的な関係を背景とした言動であって、業務上必要かつ相当な範囲を超えたものにより従業者の就業環境が害されることを防止するための方針の明確化など必要な措置をとらなければならない
業務継続計画の策定など★	感染症や非常災害の発生時において、利用者に対するサービスを継続的に実施し、早期に業務を再開するための業務継続計画を作成して必要な措置を講じるとともに、必要な研修および訓練を定期的に実施しなければならない。業務継続計画は、定期的に見直しを行い、必要に応じて変更を行う
感染症の予防およびまん延の防止のための措置★	● 感染症が発生し、またはまん延しないように、①感染症の予防およびまん延の防止のための対策を検討する委員会をおおむね6か月に1回以上開催して従業者にその結果の周知徹底を図り、感染症の予防・まん延防止のための指針を整備し、研修および訓練を定期的に実施する
広告	事業所について広告をする場合においては、その内容が虚偽または誇大なものであってはならない

居宅サービス事業者などからの利益収受の禁止など	● 事業者およびその管理者は、特定の居宅サービス事業者のサービスを居宅サービス計画に位置づけるよう指示を行ってはならない ● 介護支援専門員は、利用者に対して、特定の居宅サービス事業者などによるサービス利用の指示を行ってはならない ● 利用者に特定の居宅サービス事業者などによるサービスを利用させる対償として、事業者などから金品その他財産上の利益を収受してはならない
事故発生時の対応★	サービスの提供により事故が発生した場合、市町村、利用者の家族などに連絡する。とった処置などについては記録し、必要な措置を講じる。賠償すべき事故が発生した場合には、すみやかに賠償する
苦情処理	● 自ら提供したサービスまたは居宅サービス計画に位置づけた居宅サービスや地域密着型サービスについての利用者や家族からの苦情に迅速かつ適切に対応しなければならない ● 利用者からの苦情を受け付けるための窓口の設置など必要な措置を講じる。苦情の内容は記録する ● 市町村が行う文書の提出の求め、質問、照会、調査、また市町村や国保連が行う苦情に関する調査に協力し、指導や助言を受けた場合はそれに従い必要な改善を行う。また市町村や国保連から求めがあった場合は、改善内容を報告する
会計の区分	事業所ごとに経理を区分し、居宅介護支援の事業の会計とその他の事業の会計とを区分しなければならない
記録の整備	● 従業者、設備、備品、会計に関する諸記録を整備しておかなければならない ● サービス提供に関する項目（連絡調整に関する記録、居宅介護支援台帳、市町村への通知にかかる記録、苦情の内容などの記録、事故の状況および事故に際してとった処置）についての記録を整備し、サービス提供の完結の日から2年間保存しなければならない

■ 指定居宅サービス事業者の国の主な運営基準　　（★＝従うべき基準）

※ 表中特に説明のないものは、指定居宅介護支援事業者と趣旨が共通の基準
※ 介護予防サービス事業者の基準も、基本的には居宅サービス事業者と同様
※ 地域 地域密着型（介護予防）サービス、施設 介護保険施設は、同様の趣旨の規定がある場合に表示、必要に応じて注釈を入れている

● サービスの利用に関する基準

内容・手続きの説明と同意（★説明と同意にかかる部分）
サービス提供の開始に際し、あらかじめ、利用申込者またはその家族に対し、重要事項を記した文書を交付して説明を行い、利用申込者の同意を得なければならない
※ 特定施設入居者生活介護では、文書による契約書の締結が義務
地域 施設

提供拒否の禁止★
正当な理由（①事業所の現員では利用申込に応じきれない、②利用申込者の居住地が事業所の通常の事業の実施地域外である、③その他利用申込者に対し自ら適切なサービスを提供することが困難）のない場合、サービス提供を拒んではならない
地域
施設　正当な理由は、①入院治療の必要がある、②自ら適切なサービスを提供することが困難な場合

サービス提供困難時の対応
適切なサービスの提供が困難と判断した場合、居宅介護支援事業者への連絡、適当なほかの事業者などの紹介その他の措置をとる
※ 訪問看護では、主治医にも連絡
地域
施設　提供困難な場合は、適当なほかの病院、診療所を紹介

利用者の受給資格等の確認　地域 施設

要介護認定の申請にかかる援助
● 要介護認定を受けていない利用申込者には、利用申込者の意思を踏まえ、必要な協力を行わなければならない
● 居宅介護支援が行われていないなど必要な場合に、更新認定の申請は、遅くとも有効期間満了日の30日前に行われるよう必要な援助をする
地域 施設　申請代行ができる事業者では、申請代行などの必要な援助

居宅介護支援事業者などとの連携

居宅介護支援事業者や保健医療・福祉のサービス提供者と連携するよう努める。サービス提供が終了した際には、利用者や家族に適切な指導を行い、居宅介護支援事業者などに情報を提供する

※ 医療サービスでは、主治医にも情報を提供

※ 特定施設入居者生活介護になし

地域

施設 退所、退院後の居宅介護支援事業者や保健医療・福祉のサービス提供者と連携

身分を証する書類の携行

※ 訪問系サービスに共通 地域

●居宅サービス計画作成や利用料、サービス内容に関する基準

法定代理受領サービスを受けるための援助

法定代理受領の要件を満たしていない利用申込者本人またはその家族に、手続きなどを説明し、居宅介護支援事業者に関する情報を提供するなどの援助を行う

※ 特定施設入居者生活介護、居宅療養管理指導、特定福祉用具販売になし

地域 定期巡回・随時対応型訪問介護看護、夜間対応型訪問介護、地域密着型通所介護、認知症対応型通所介護に規定

居宅サービス計画に沿ったサービス提供

利用者の居宅サービス計画に沿ったサービス提供を行う

※ 特定施設入居者生活介護になし

地域 定期巡回・随時対応型訪問介護看護、夜間対応型訪問介護、地域密着型通所介護、認知症対応型通所介護に規定

居宅サービス計画などの変更の援助

利用者が居宅サービス計画の変更を希望する場合、居宅介護支援事業者への連絡など必要な援助をする

※ 特定施設入居者生活介護、居宅療養管理指導になし

地域 定期巡回・随時対応型訪問介護看護、夜間対応型訪問介護、地域密着型通所介護、認知症対応型通所介護に規定

サービス提供の記録

- サービスの提供日・内容、保険給付の額などを居宅サービス計画書やサービス利用票などに記載する
- 具体的なサービスの内容など必要な事項を記録し、利用者から申し出があった場合はその情報を提供（文書の交付、手帳に記載など）する。記録は2年間保存する 地域

施設 入退所の年月日、施設の種類や名称を被保険者証に記載

利用料などの受領

※ 別途徴収できる費用はサービスごとに異なる 地域 施設

身体的拘束等の禁止★
★入所者の身体的拘束その他入所者の行動を制限する行為の禁止。緊急やむを得ず行う場合は、その状況、理由などを記録する
★身体的拘束等の適正化のための対策を検討する委員会を3か月に1回以上開催し、その結果を周知徹底する＊
★身体的拘束等の適正化のための指針を整備し、従業者に身体的拘束等の適正化のための研修を定期的に実施する＊
※ 居住系サービス、短期入所系サービス（＊の規定はない）
[地域] 地域密着型介護老人福祉施設入所者生活介護に規定
[施設]

居宅サービス計画に沿った個別サービス計画の作成（訪問介護計画、訪問看護計画など）
居宅サービス計画の内容に沿って作成する。居宅サービス計画を作成する居宅介護支援事業者から個別サービス計画の提出の求めがあった場合、計画を提出するよう努める
※ 居宅療養管理指導、訪問入浴介護、特定施設入居者生活介護を除く
[地域]

主治の医師との関係★ ※ 訪問看護に規定
★管理者は、主治医の指示に基づき適切なサービスが行われるよう必要な管理をしなければならない
★事業者は、サービスの提供の開始に際し、主治医による指示を文書で受けなければならない
★事業者は、主治医との密接な関係を図らなければならない
・主治医に訪問看護計画書と訪問看護報告書を提出する
[地域] 定期巡回・随時対応型訪問介護看護、看護小規模多機能型居宅介護に規定

診療の方針★ ※短期入所療養介護に規定
★診療は、一般に医師として診療の必要性があると認められる疾病・負傷に対して、的確な診断を基とし、療養上妥当適切に行う
★常に医学の立場を堅持して、利用者の心身の状況を観察し、要介護者の心理が健康に及ぼす影響を十分配慮して、心理的な効果をもあげることができるよう適切な指導を行う
★常に利用者の病状、心身の状況、日常生活、その置かれている環境の的確な把握に努め、利用者・家族に対し、適切な指導を行う
★検査、投薬、注射、処置などは、利用者の病状に照らして妥当適切に行う
★特殊な療法や新しい療法などについては、別に厚生労働大臣が定めるもののほか行ってはならない
★別に厚生労働大臣が定める医薬品以外の医薬品を利用者に施用し、処方してはならない
★利用者の病状の急変などにより、自ら必要な医療を提供することが困難なときは、ほかの医師の対診を求めるなど適切な措置を講じなければならない
[施設] 介護老人保健施設、介護医療院に規定

介護（一部★）

★常時１人以上の介護職員を介護に従事させる　※ 短期入所生活介護に規定
[地域] 地域密着型介護老人福祉施設入所者生活介護　[施設] 介護老人福祉施設
★利用者の負担により、事業所の従業者以外の者による介護を受けさせてはな
らない　※ 短期入所系サービスに規定
[地域] 地域密着型介護老人福祉施設入所者生活介護、小規模多機能型居宅介
護、認知症対応型共同生活介護、看護小規模多機能型居宅介護　[施設]

食事

栄養、利用者の心身の状況、嗜好を考慮した食事を適切な時間に提供する。可
能なかぎり離床して、食堂で食事をとるよう支援する
※ 短期入所サービスに規定　[施設]

同居家族に対するサービス提供の禁止★

事業者は、訪問介護員等（看護師等）に、その同居家族である利用者に対する
サービスの提供をさせてはならない　※ 訪問介護、訪問看護に規定
[地域] 定期巡回・随時対応型訪問介護看護、夜間対応型訪問介護に規定

● **緊急時などの規定**

緊急時などの対応

サービスの提供を行っているときに利用者に病状の急変が生じた場合その他必
要な場合は、すみやかに主治医への連絡や協力医療機関への連絡を行うなど必
要な措置を講じなければならない
※ 訪問看護では、臨時応急の手当を行うことも規定されている
※ 訪問リハビリテーション、居宅療養管理指導、福祉用具貸与、特定福祉用
具販売、短期入所療養介護に規定なし
[地域]

非常災害対策

• 非常災害に関する具体的な計画を立てておき、定期的に避難、救出などの訓
練を行う
• 訓練の実施にあたり地域住民の参加が得られるよう連携に努める
※ 施設を利用して行うサービスに共通
[地域] [施設]

事故発生時の対応★

※ 指定居宅サービス事業者では、市町村、利用者の家族のほか、居宅介護支
援事業者へも連絡し、必要な措置を講じる
[地域] [施設] 施設系サービス（施設サービス、地域密着型介護老人福祉施設
入所者生活介護）では、事故発生時の対応などの指針の整備、事故発生の防止
のための委員会（事故防止検討委員会）の設置、職員への研修を定期的に行う
ほか、これら措置を適切に実施する安全対策の担当者を定めることなども規定
されている

● その他の規定

居宅介護支援事業者に対する利益供与の禁止
居宅介護支援の公正中立性を確保するため、居宅介護支援事業者またはその従業者に対して、利用者に特定の事業者のサービスを受けさせることを目的に金品その他財産上の利益を供与してはならない
地域 施設

地域との連携等
- 事業の運営にあたり、利用者からの苦情に関して、市町村などが派遣する者が相談および援助を行う事業（介護相談員派遣事業）、その他市町村が実施する事業に協力するよう努める
- 事業所と同一の建物に居住する利用者に対してサービス提供を行う場合は、その建物に居住する利用者以外に対してもサービス提供を行うよう努める
  ※訪問系サービス、通所系サービス、福祉用具貸与、特定福祉用具販売のみ
- 地域住民または自発的な活動との連携と協力を行うなど地域との交流に努める　※ 通所介護、短期入所系サービス、特定施設入居者生活介護のみ

地域　運営推進会議の設置や介護・医療連携推進会議の設置（夜間対応型訪問介護を除く）なども規定されている

衛生管理など
- 従業者の清潔の保持および健康状態について、必要な管理を行う。事業所の設備・備品等について、衛生的な管理に努める
- 感染対策委員会をおおむね6か月（施設系サービスではおおむね3か月）に1回以上開催し、その結果を職員に周知徹底する。また、感染症対策の指針を作成し、職員研修、訓練を定期的に実施しなければならない
地域 施設

定員の遵守
災害、虐待その他のやむを得ない事情がある場合を除き、定員数以上に入所させない　※ 施設を利用して行うサービスに共通。「虐待」については、通所サービスには規定なし
地域 施設

保険給付の請求のための証明書の交付　地域 施設

利用者に関する市町村への通知　地域 施設

管理者の責務　地域 施設

運営規程　地域 施設

勤務体制の確保　地域 施設
- 認知症介護基礎研修を受講させるために必要な措置をとる
※医療・福祉関係の無資格者がいないサービスを除く

虐待の防止　地域 施設

業務継続計画の策定など	地域 施設

掲示	地域 施設

秘密保持など★	地域 施設

広告
※ 通所リハ、訪問リハ、短期入所療養介護、居宅療養管理指導を除いて共通
地域
施設 介護老人福祉施設のみに規定

苦情処理	地域 施設

会計の区分	地域 施設

記録の整備
● 従業者、設備、備品、会計に関する諸記録を整備する
● サービス提供に関する記録は、サービス提供の完結の日から２年間保存する
（計画、サービス内容、市町村への通知、苦情内容、事故の状況や事故に際してとった処置、身体的拘束等の記録）
※ 詳細はサービスごとに異なる 地域 施設

■介護保険施設の国の指定基準（固有の規定）

入退所
● 介護の必要の程度や家族の状況などを勘案し、サービスを受ける必要性の高い人を優先的に入所させるよう努める
● 入所時に、居宅介護支援事業者への照会などにより、生活歴、病歴、サービスの利用状況などを把握する
● 在宅での日常生活が可能か定期的に検討する
● 退所時に、居宅サービス計画作成援助のため、居宅介護支援事業者に対する情報の提供やサービス事業者との連携に努める

計画担当介護支援専門員の責務
● 入所者の入所に、居宅介護支援事業者に照会などをし、心身の状況、生活歴、病歴、指定居宅サービスの利用状況などを把握する
● 退所への定期的な検討…入所者の心身の状況などを把握し、従業者との協議や、必要な援助をする
● 入所者の退所時に、居宅介護支援事業者に情報を提供するほか、サービス提供事業者と密接に連携する
● 記録…身体的拘束等に関する記録（介護老人福祉施設の場合）、苦情の内容、事故の状況と処置について記録する

■運営基準において、事業者に設置が規定されている主な会議

名称 （対象サービス）	メンバー	内容
安全・サービス提供管理委員会 （療養通所介護）	地域における医療関係団体の者、保健・医療・福祉分野の専門家など	●開催頻度 おおむね6か月に1回以上 ●内容 安全かつ適切なサービスの提供を確保するための方策の検討を行い、検討結果について記録し、その結果を踏まえ、必要に応じて対策を講じる
運営推進会議 （定期巡回・随時対応型訪問介護看護、夜間対応型訪問介護を除く地域密着型サービス、地域密着型介護予防サービス）	利用者、家族、地域住民の代表者、市町村職員や地域包括支援センターの職員など	●開催頻度 おおむね2か月に1回以上 （介護予防）認知症対応型通所介護、地域密着型通所介護はおおむね6か月に1回以上、療養通所介護はおおむね12か月に1回以上 ●内容 事業所はサービス提供状況などを会議に報告し、評価を受けるとともに、必要な要望、助言などを聴く機会を設け、それらの記録を作成し、公表する
介護・医療連携推進会議 （定期巡回・随時対応型訪問介護看護）	運営推進会議の構成に加えて、地域の医療関係者	●開催頻度 おおむね6か月に1回以上 ●内容 運営推進会議と同じ
感染症および食中毒の予防およびまん延の防止のための対策を検討する委員会（感染対策委員会） （施設系サービス）	幅広い職種（施設長、事務長、医師、看護職員、介護職員、栄養士・管理栄養士、生活相談員など）	●開催頻度 おおむね3か月に1回以上 ●内容 施設において感染症や食中毒の発生、まん延を防ぐための対策を検討する
感染症の予防およびまん延の防止のための対策を検討する委員会（施設系以外の全サービス）	幅広い職種（特に感染症対策の知識を有する者は外部の者も含め積極的に参画を得る）	●開催頻度 おおむね6か月に1回以上 ●内容 感染症の予防およびまん延の防止のための対策を検討する

事故防止検討委員会 （施設系サービス）	幅広い職種	●開催頻度 定期的 ●内容 介護事故発生の防止や再発防止のための対策を検討する、担当者を定める
身体的拘束等の適正化のための対策を検討する委員会 （居住系サービス、施設系サービス）	幅広い職種	●開催頻度 3か月に1回 ●内容 身体的拘束等の適正化のための対策を検討する
虐待の防止のための対策を検討する委員会 （すべてのサービス）	幅広い職種	●開催頻度 定期的 ●内容 虐待の発生またはその再発を防止するための対策を検討する、担当者を定める
サービス担当者会議 （居宅介護支援、介護予防支援、施設サービス）	利用者、家族、介護支援専門員、サービス担当者など	●開催頻度 ケアプランの新規作成時、変更時、更新認定時や区分変更認定時 ●内容 目標や課題の共有、ケアプラン原案の検討など
リハビリテーション会議 （訪問リハビリテーション、通所リハビリテーション。介護予防も同様）	利用者、家族、医師、理学療法士、作業療法士、言語聴覚士、介護支援専門員、その他サービス担当者など	●開催頻度 リハビリテーションマネジメント加算の算定要件では、訪問リハビリテーションでは3か月に1回以上、通所リハビリテーションでは、利用者の同意を得てから6か月以内は1か月に1回以上、6月超後は3か月に1回以上

これら事業所で行われる会議では、テレビ電話などを活用しての実施が認められることになりました。利用者や家族が参加する会議では、本人の同意が必要です

資料編

福祉用具の種類

■福祉用具貸与の種目

車いす・車いす付属品	自走用標準型車いす、介助用標準型車いす、普通型電動車いすとクッション、電動補助装置など車いすと一体的に使用される付属品が対象。姿勢保持が必要な場合のティルト機能（座面と背もたれの角度を保ったまま、同時に後ろに倒す機能）、リクライニング機能、パワーアシスト機能のついた車いすも対象となる
特殊寝台・特殊寝台付属品	サイドレールが取りつけてあるか取りつけ可能なもので、背、脚の傾斜の角度を調整できる機能、または床板の高さを無段階に調整できる機能があるベッドと、特殊寝台と一体的に使用されるマットレス、サイドレール、介助用ベルトなどの付属品が対象
床ずれ防止用具	送風装置または空気圧調整装置を備えた空気マットか、水などによって体圧分散効果をもつ全身用のマットが対象 ●エアーマット
体位変換器	空気パッドなどを身体の下に挿入することにより、仰臥位から側臥位または座位への体位の変換を容易に行うことができるもの。起き上がり補助装置も対象
手すり	工事を伴わない手すりが対象
スロープ	工事を伴わないスロープが対象
歩行器	車輪のあるものでは、体の前や左右を囲む把手のあるもの。四脚のものでは、上肢で保持して移動させることが可能なもの。電動アシスト、自動制御などの機能が付加された電動の歩行器も含む
歩行補助杖	①松葉杖、②カナディアンクラッチ、③多点杖、④ロフストランドクラッチ、⑤プラットホームクラッチに限定。Ｔ字杖（いわゆる一本杖）は対象外

認知症老人徘徊感知機器	認知症高齢者が屋外へ出ようとしたときや屋内のある地点を通過したときに、センサーで感知し、家族、隣人などに通報するもの。離床センサーも対象
移動用リフト（つり具の部分を除く）	工事を伴わない移動用リフトが対象。床走行式、固定式、据置式で、自力での移動が困難な利用者の移動を補助する。段差解消機、浴槽用昇降座面、立ち上がり補助いす、階段移動用リフトも対象
自動排泄処理装置	自動的に尿または便が吸引される用具で、尿や便の経路を分割できる構造をもち、要介護者や介護者が容易に使用できるもの（レシーバー、タンク、チューブなど交換可能部品を除く） 本体部分は福祉用具貸与の対象 尿や便の経路となる、交換可能な部品は特定福祉用具販売の対象

■特定福祉用具販売の種目

腰掛便座	①和式便器の上に置いて腰掛式に変換するもの、②洋式便器の上に置いて高さを補うもの、③電動式、スプリング式など立ち上がり補助機能のあるもの、④便座、バケツなどからなるポータブルトイレ（水洗式含む）、便座の底上げ部材が対象 ①　②　③　④
自動排泄処理装置の交換可能部品	レシーバー、タンク、チューブなどのうち尿や便の経路となるもので、要介護者や介護者が容易に交換できるもの
排泄予測支援機器	膀胱内の状態を感知し、尿量を推定。排尿の機会を本人や介護者などに通知する
入浴補助用具	入浴用いす、浴槽用手すり、浴槽内いす、入浴台、浴室内すのこ、浴槽内すのこ、入浴用介助ベルトが対象
簡易浴槽	空気式または折りたたみ式の浴槽、給排水のためのポンプも対象
移動用リフトのつり具の部分	

資料編

介護職員の医行為

■ 原則として医行為ではない行為（平成 17 年厚生労働省通知）

行為	条件
一般的な体温測定（水銀体温計・電子体温計による腋下での測定、耳式電子体温計による外耳道での測定）	
自動血圧測定器による血圧測定	
パルスオキシメータの装着	入院治療の必要がなく、動脈血酸素飽和度の測定を目的とするもの
軽微な切り傷・擦り傷・やけどなどの処置	専門的な判断や技術を必要としない処置であること、応急手当を否定するものではない
医薬品の使用の介助 ● 皮膚への軟膏の塗布（褥瘡の処置を除く） ● 皮膚への湿布の貼付 ● 点眼薬の点眼 ● 一包化された内用薬の内服（舌下錠の使用含む） ● 肛門からの座薬挿入 ● 鼻腔粘膜への薬剤噴霧	● 医師などが以下の条件を満たしていることを確認していること ・入院・入所の必要がなく容態が安定している ・副作用の危険性・投薬量の調整等のため、医師等による連続的な容態の経過観察が必要でない ・誤嚥・出血の可能性など、医薬品の使用にあたり医師等の専門的な配慮が必要でない ● 福祉施設などで行われる場合は、看護職員によって行われることが望ましい。また、家族・本人に対し、医師などでなくてもできることを伝えていること、事前に本人または家族から依頼があること
爪切り・爪やすり	爪に異常がなく、爪周辺の皮膚に化膿・炎症がなく、糖尿病などの疾患に伴う専門的管理が必要でないこと
口腔ケア（歯ブラシや綿棒などによる歯、口腔粘膜、舌の汚れの除去）	重度の歯周病などにかかっていないこと
耳垢の除去	耳垢塞栓の除去を除く
ストマ装具のパウチにたまった排泄物を捨てること	肌に接着したパウチの取り替えを除く

カテーテルの準備、体位の保持	
市販の使い捨て浣腸器による浣腸	使用する浣腸器は下記の条件を満たしていること ● 挿入部の長さが5〜6cm程度以内 ● グリセリン濃度50% ● 成人用では40g以下、小児用では20g以下、幼児用では10g以下

■ 原則として医行為ではない行為（その2）（令和4年通知）※抜粋

インスリンの投与の準備・片付け関係	実施の声かけ、見守り、未使用の注射器等の患者への手渡し、使い終わった注射器の片付け、記録　など
血糖測定関係	持続血糖測定器のセンサーの貼付や測定値の読み取り　など
経管栄養・喀痰吸引関係	経管栄養の準備（注入行為を除く）・片付け（注入の停止を除く）、吸引器に溜まった汚水の廃棄や吸引器に入れる水の補充　など
在宅酸素療法関係	あらかじめ医師から指示された酸素流量の設定、酸素を流入していない状況下における、酸素マスクや経鼻カニューレの装着等の準備、酸素離脱後の片付け　など
膀胱留置カテーテル関係	蓄尿バックからの尿廃棄、蓄尿バックの尿量や尿の色の確認、膀胱留置カテーテル等のチューブを留めているテープが外れた場合に、再度貼付を行うこと　など
食事介助関係・その他	とろみ食を含む食事介助、有床義歯（入れ歯）の着脱および洗浄

資料編

■ 介護職員が行うことのできる医行為

介護福祉士および一定の研修を受けた介護職員などは、医療や看護との連携による安全確保が図られていることなど、一定の条件のもとで、痰の吸引・経管栄養の医行為を業務として行うことができる

厚生労働省は、平成17年通知に記載のない行為のうち、介護現場で実施されることが多く、かつ原則として医行為ではないと考えられる行為について、令和4年通知で改めて整理しました。

索 引

●法改正・正誤等の情報につきましては、下記「ユーキャンの本」ウェブサイト内「追補（法改正・正誤）」をご覧ください。
https://www.u-can.co.jp/book/information

●本書の内容についてお気づきの点は
・「ユーキャンの本」ウェブサイト内「よくあるご質問」をご参照ください。
https://www.u-can.co.jp/book/faq
・郵送・FAX でのお問い合わせをご希望の方は、書名・発行年月日・お客様のお名前・ご住所・FAX 番号をお書き添えの上、下記までご連絡ください。
【郵送】〒 169-8682 東京都新宿北郵便局 郵便私書箱第 2005 号
　　　　ユーキャン学び出版 ケアマネジャー資格書籍編集部
【FAX】03-3350-7883
◎より詳しい解説や解答方法についてのお問い合わせ、他社の書籍の記載内容等に関しては回答いたしかねます。

●お電話でのお問い合わせ・質問指導は行っておりません。

本文キャラクターデザイン　なかのまいこ

2024年版　ユーキャンのケアマネジャー これだけ！要点まとめ

2014年4月25日　初　版　第1刷発行
2024年2月16日　第11版　第1刷発行

編　者	ユーキャンケアマネジャー試験研究会
発行者	品川泰一
発行所	株式会社 ユーキャン 学び出版
	〒151-0053 東京都渋谷区代々木1-11-1
	Tel 03-3378-1400
編　集	株式会社 東京コア
発売元	株式会社 自由国民社
	〒171-0033 東京都豊島区高田3-10-11
	Tel 03-6233-0781 （営業部）

印刷・製本　望月印刷株式会社